ポケット菜根譚

洪自誠
祐木亜子・訳

致知出版社

ポケット菜根譚

「ポケット古典シリーズ」の刊行にあたって

明治・大正期の日本では、『ポケット論語』や『ポケット老子』など、「ポケット」を冠した古典の書物が数多く出版されていました。当時の日本人は、そうした書物を携帯し、寸暇を惜しんで自己修養に努めていたのでしょう。

本シリーズは、時代を超え、長く読み継がれてきた古典に、現代の人にも気軽に触れていただく機会を持ってほしい、という願いをこめて企画されました。古典を初めて手にされる方にも親しみやすい入門書となっています。

ぜひ本シリーズを通じて、古典の学びを人生や仕事に生かしていただければと願っています。

ポケット菜根譚――目次

第一章　生き方の指針

第二章　人間関係の極意

第三章　逆境に打ち克つ知恵

第四章　心の持ち方

第五章　人間性の高め方

凡例

一、本書は、中国・明代の学者、洪自誠の『菜根譚』（前集二二二条、後集一三五条）から二〇六条を抜粋し、集録したもので、内容は、書き下し文、口語訳、語義（語釈、出典等）から成る。
一、書き下し文中、「菜根譚前集」は「前集」、「菜根譚後集」は「後集」と略記する。
一、＊印は訳者による補注を示す。
一、底本には、『菜根譚』（今井宇三郎訳注・岩波文庫・一九七五年刊）を使用した。
一、原本、底本ともに見出しはないが、各条の内容を示す適当な題を付した。
一、現代語訳の部分は、原則として当用漢字を使用した。
一、書き下し文の表記は現代の国語表記法に従い、漢字にはすべて振り仮名を付した。

第一章

生き方の指針

一、人としての正しい道

道徳《どうとく》に棲守《せいしゅ》する者《もの》は、一時《いちじ》に寂寞《せきばく》たり。権勢《けんせい》に依阿《いあ》する者《もの》は、万古《ばんこ》に凄涼《せいりょう》たり。達人《たつじん》は物外《ぶつがい》の物《ぶつ》を観《み》、身後《しんご》の身《しん》を思《おも》う。寧《むし》ろ一時《いちじ》の寂寞《せきばく》を受《う》くるも、万古《ばんこ》の凄《せい》涼《りょう》を取《と》ることなかれ。（前集二）

人としての正しい道を守り抜く者は、一時的に不遇で寂しい生活を送ることがある。権力にこびへつらう者は、一時的に栄えても、結局は痛ましく寂しい生活を送ることになる。道理を究めた者は世俗を超えたものを見つめ、死後の生命を思う。一時的に不遇で寂しい生活を送ることになっても人としての正しい道を守り抜くべきであり、永遠に痛ましく寂しい生活をとるべきではない。

物外の物……世俗を超えた真実のもの。　**身後の身**……死後の生命。

二、君子の在り方

世《よ》を渉《わた》ること浅《あさ》ければ、点染《てんせん》もまた浅《あさ》し。事《こと》を歴《ふ》ること深《ふか》ければ、機械《きかい》もまた深《ふか》し。故《ゆえ》に君子《くんし》は、その練《れん》達《たつ》ならんよりは、朴魯《ぼくろ》なるに若《し》かず。その曲謹《きょくきん》ならん

よりは、疎狂《そきょう》なるに若《し》かず。（前集二）

人生経験が浅ければ、世間の悪いしきたりや慣習に染まることも少ないが、経験が豊かになるにつれ、さまざまな駆け引きやテクニックが身についてくる。だからこそ、君子たる者は、世渡り上手になるよりは、素朴で愚直なほうがいい。慇懃無礼であるより、武骨で一本気であるほうがいい。

点染……悪に染まること。　**機械**……からくり、権謀術数。

三、最も高尚な人

勢利紛華《せいりふんか》は、近《ちか》づかざる者《もの》を潔《きよ》しとなし、これに近《ちか》づきて而《しか》も染《そ》まざる者を尤《もっと》も潔《きよ》しとなす。智械機巧《ちかいきこう》は、知《し》らざる者《もの》を高《たか》しとなし、これを知《し》りて而《しか》も用《もち》いざる者《もの》を尤《もっと》も高《たか》しとなす。（前集四）

権勢や利益、華美できらびやかなものに近づかない人は潔白である。しかし、こうしたものに近づいても、それにどっぷり浸らない人こそ、最も潔白だといえる。人を欺いたり陥れたりする策略や駆け引きを知らない人は高尚である。しかし、こうした権謀術数を知りながらも、それを使わない人こそ、最も高尚だといえる。

四、盛衰の原理

事々《じじ》、個《こ》の有余不尽《ゆうよふじん》の意思《いし》を留《とど》むれば、便《すなわ》ち造物《ぞうぶつ》も我《われ》を忌《い》むこと能《あた》わず、鬼神《きしん》も我《われ》を損《そん》すること能《あた》わず。若《も》し業《ぎょう》は必《かなら》ず満《み》つるを求《もと》め、功《こう》は必《かなら》ず盈《み》つるを求《もと》むれば、内変《ないへん》を生《しょう》ぜざれば、必《かなら》ず外憂《がいゆう》を召《まね》かん。（前集二〇）

何事にも余裕を持ち、少し控えめにする気持ちを持てば、万物創造の神もその人を嫌わないし、鬼神もその人に危害を加えはしない。しかし事業でも功名でも満たされるまで追求し続ければ、内から変事が起こるか外から災難を招くことになろう。

個……意思にかかる冠詞のような語で、意味はない。　造物……造物者、万物創造の神。

＊「日《ひ》、中《ちゅう》すれば則《すなわ》ち昃《かたむ》き、月《つき》、盈《み》つれば則《すなわ》ち食《か》く」（『易経』彖伝）とあり、盛衰は天地自然の理法である。

五、処世の心得

軒冕《けんべん》の中《うち》に居《お》りては、山林《さんりん》の気《き》味《み》なかるべからず。林泉《りんせん》の下《もと》に処《お》りては、須《すべか》らく廊廟《ろうびょう》の経綸《けいりん》を懐《いだ》くを要《よう》すべ

し。（前集二七）

社会的に高い地位にある者は、山林に隠棲しているような趣がなくてはならない。隠遁して山林に閑居している者は、国家を経綸するような見識を持たなければならない。

軒冕……高位高官の地位にあること。　**林泉**……隠退閑居しているところ。　**廊廟の経綸**……朝廷で国家の政を行うこと。

六、自らを律する

富貴《ふうき》の家《いえ》は宜《よろ》しく寛厚《かんこう》なるべくして反《かえ》って忌刻《きこく》なり。これ富貴《ふうき》にしてその行《こう》を貧賤《ひんせん》にするなり。如何《いかん》ぞ能《よ》く享《う》けん。聡明《そうめい》の人《ひと》は宜《よろ》しく斂蔵《れんぞう》すべくして反《かえ》って炫耀《げんよう》す。これ聡明《そうめい》にして其《そ》の病《へい》を愚懵《ぐぼう》にするなり。如何《いかん》ぞ敗《やぶ》れざらん。（前集三二）

財産も豊富で社会的地位の高い人は、当然、寛容で親切であるはずだが、かえって疑り深く不人情である。これでは富貴であっても、していることは卑賤な者と変わらない。どうして幸せを得られようか。聡明な人は、当然、その才能を隠しているはずだが、かえってひけらかす。これでは聡明であっても愚か者と変わらない。どうして失敗を免れようか。

忌刻……才能のある人を妬み、無慈悲に扱うこと。　愚懵……道理に暗く愚かなこと。

七、平素の生活

念頭《ねんとう》の濃《こま》やかなる者《もの》は、自《みず》から待《ま》つこと厚《あつ》く、人《ひと》を待《ま》つこともまた厚《あつ》く、処々皆濃《しょしょみなこま》やかなり。念頭《ねんとう》の淡《あわ》き者《もの》は、自《みず》から待《ま》つこと薄《うす》く、人《ひと》を待《ま》つこともまた薄《うす》く、事々《じじ》皆淡《みなあわ》し。故《ゆえ》に君子《くんし》は、居常《きょじょう》の嗜好《しこう》は、太《はなは》だ濃艶《のうえん》なるべからず、また宜《よろ》しく太《はなは》だ枯寂《こじゃく》なるべからず。（前集四

二

こまやかな心配りのできる者は、自分を大切にするが、他人への配慮も厚く、何事にも行き届きすぎている。心根の淡白な者は、自分にもこだわらないが、他人に対してもこだわらず、何事にもあっさりしすぎている。ゆえに、君子たる者は、平素の生活において行き届きすぎてもいけないし、淡々としすぎて枯れてしまうのもいけない。

八、学問の姿勢

学《まな》ぶ者《もの》は、精神《せいしん》を収拾《しゅうしゅう》し、一路《いちろ》に併帰《へいき》することを要《よう》す。如《も》し徳《とく》を修《おさ》めて意《い》を事功名誉《じこうめいよ》に留《とど》むれば、必《かなら》ず実詣《じつけい》なし。書《しょ》を読《よ》みて、興《きょう》を吟咏風雅《ぎんえいふうが》に寄《よ》すれば、定《さだ》めて深心《しんじん》ならず。（前集四四）

学問に志す者は、常に精神を集中させ、一つ目標を定めて突き進むことが大切である。もし人格の向上を目指しながら、一方で功績や名誉に心を奪われてしまうようでは、真の人格の向上など望めない。書物を読み勉強しても、そこで得た知識や教養を浮ついた吟詠や風流に使ってしまっては、学んだことが身につくはずもない。

九、寛容と厳格

治世《ちせい》に処《しょ》しては宜《よろ》しく方《ほう》なるべく、乱世《らんせい》に処《しょ》しては宜《よろ》しく円《えん》なるべく、叔季《しゅくき》の世《よ》に処《しょ》しては、当《まさ》に方円《ほうえん》並《なら》び用《もち》うべし。善人《ぜんにん》を待《ま》つには宜《よろ》しく寛《かん》なるべく、悪人《あくにん》を待《ま》つには宜《よろ》しく厳《げん》なるべく、庸衆《ようしゅう》の人《ひと》を待《ま》つには当《まさ》に寛厳《かんげん》互《たが》いに存《そん》すべし。（前集五〇）

政治的に安定した時代であれば、道徳的に正しい生き方を貫くのがよく、風紀や秩序が乱れた時代であれば、柔軟な生き方をしたほうがよい。道徳や政治がおとろえて混乱した末世であれば、道徳的な正しさを貫きつつも柔軟性を忘れず、臨機応変な対応を心がけたほうがよい。対人関係においても、善人には寛容な態度で接し、悪人には厳格な態度で臨むのがよく、普通の人に対しては、寛容と厳格さの両面を使い分けてつき合うことが大切である。

叔季の世……伯仲叔季（兄弟を上から順番に呼ぶ呼称）の叔季で、末世の意。

一〇、本質を見据える

書《しょ》を読《よ》みて聖賢《せいけん》を見《み》ざれば、鉛槧《えんざん》の傭《よう》となる。官《かん》に居《い》

て子民《しみん》を愛《あい》せざれば、衣冠《いかん》の盗《とう》となる。学《がく》を講《こう》じて、躬行《きゅうこう》を尚《たっと》ばざれば、口頭《こうとう》の禅《ぜん》となる。業《ぎょう》を立《た》てて種《しゅ》徳《とく》を思《おも》わざれば、眼前《がんぜん》の花《はな》となる。（前集五六）

本を読んでも、聖賢の心に触れなければ、文字の奴隷にすぎない。また役人となっても、民衆を思いやり愛さなければ、給料泥棒にすぎない。学問を教える立場の人間でも、みずから実践しなければ、口先だけの知識にすぎない。また、事業を興しても、己の利益ばかりを追求し、世のため、人のためになることを考えなければ、一時的に成功してもいずれは社会から淘汰される。

鉛槧の傭……文字の奴隷。「鉛」は字を書くときに用いたなまりの粉で「槧」はその板。「傭」は奴隷の意。　**衣冠の盗**……給料泥棒。「衣冠」は官吏の意。　**口頭の禅**……口先だけの学問、知識。

眼前の花……一時華やかに咲くだけの花。

＊「盛徳大業至《せいとくたいぎょういた》れるかな」（『易経』繋辞《けいじ》上伝）とある。道徳からあらわれた事業は盛大の極ということ。

一一、財産と名誉

富貴名誉《ふうきめいよ》の、道徳《どうとく》より来《き》たるものは、山林中《さんりんちゅう》の花《はな》の如《ごと》し。自《おのず》からこれ舒徐繁衍《じょじょはんえん》す。功業《こうぎょう》より来《き》たるものは、盆檻中《ぼんかんちゅう》の花《はな》の如《ごと》し。便《すなわ》ち遷徙廃興《せんしはいこう》あり。若《も》し、権力《けんりょく》

を以《もっ》て得《う》るものは、瓶鉢中《へいはっちゅう》の花《はな》の如《ごと》し。その根植《ねう》えざれば、その萎《しぼ》むこと立《た》ちて待《ま》つべし。（前集五九）

徳望によって得られた財産や名誉は、野の花のように、ひとりでに枝葉が伸び広がり、十分に生い茂ってゆく。事業の功績によって得られた財産や名誉は、鉢植えの花のように、移し替えられたり捨てられたりする。権力によって得られた財産や名誉は、花瓶に挿した切り花のように、根がないからたちまち萎れてしまう。

舒徐繁衍……枝葉が生い茂ること。　**遷徙廃興**……あちこち移し替え、植えたり捨てたりする。

一二、人間の値打ち

春至《はるいた》り時和《ときやわ》らげば、花《はな》なお一段《いちだん》の好色《こうしょく》を鋪《し》き、鳥且《とりま》た幾句《いくく》の好音《こういん》を囀《てん》ず。士君子《しくんし》、幸《さいわ》いに頭角《とうかく》を列《つら》ね、復《ま》た温飽《おんぽう》に遇《あ》う。好言《こうげん》を立《た》て好事《こうじ》を行《おこ》なうことを思《おも》わざれば、これ世《よ》に在《あ》ること百年《ひゃくねん》なりと雖《いえど》も、恰《あたか》も未《いま》だ一日《いちにち》をも生《い》きざるに似《に》たり。（前集六〇）

春が来ておだやかな気候になれば、花も一段と美しく咲き誇り、鳥もまた良い声でさえずるようになる。士君子たる者は、幸いにも社会的に高い地位にあり、衣食にも満ち足りた豊かな生活を保障されている。それなのに、世のため、人のためになるような発言や仕事をしようと思わないのでは、たとえ百年生きたとしても、一日生きた値打ちさえない。

士君子……しかるべき地位にあり、学徳の高い人。**頭角を列ね**……衆人に抜きんでて高い地位にあること。**温飽**……温衣飽食。衣食に満ち足りるの意。

一三、万物を育むもの

学《まな》ぶ者《もの》は、段《だん》の競業《きょうぎょう》の心思《しんし》あり、また段《だん》の瀟洒《しょうしゃ》の趣《しゅ》

味《み》あるを要《よう》す。若《も》し一味《いちみ》に斂束清苦《れんそくせいく》ならば、これ秋殺《しゅうさつ》ありて春生《しゅんせい》なきなり。何《なに》を以《もっ》てか万物《ばんぶつ》を発育《はついく》せん。（前集六二）

学問に志す者は、自らを厳しく律する必要があると共に、物事にこだわらないさっぱりとした心持ちも必要だ。もしひたすら己を厳しく律し、清廉で貧しい生活に耐えるだけであれば、万物を死へ導く秋の冷たさばかりで、万物を生育する春の暖かさがないようなものだ。これでは、どうして万物を育むことができようか。

兢業……戒め慎むこと。　**一味**……ひたすら。　**斂束**……引き締めること。

一四、善行の中に悪の兆し

悪《あく》を為《な》して人《ひと》の知《し》らんことを畏《おそ》るるは、悪中《あくちゅう》にもなお善路《ぜんろ》あり。善《ぜん》を為《な》して人《ひと》の知《し》らんことを急《きゅう》にするは、善処即《ぜんしょすなわ》ちこれ悪根《あくこん》なり。（前集六七）

悪いことをして、それが他人に知られることを恐れる者は、悪事をなす中にもなお善に向かおうとする良心がある。善いことをして、人に知られることを期待する者のほうが善行の中に悪が根ざしているのだ。

＊仏教では、人の性を「三性《さんしょう》」（善性《ぜんしょう》、悪性《あくしょう》、無記性《むきしょう》）の三種にわける。人の性は、善の中にも悪の兆しがあり、悪の中にも善になる兆しがあると考える。

一五、幸せを手にするには

燥性《そうせい》の者《もの》は、火《ひ》のごとく熾《さか》んに、物《もの》に遇《あ》えば則《すなわ》ち焚《や》く。寡恩《かおん》の者《もの》は、氷《こおり》のごとく清《きよ》く、物《もの》に逢《あ》えば必《かなら》ず殺《さい》す。凝滞固執《ぎょうたいこしゅう》する者《もの》は、死水腐木《しすいふぼく》の如《ごと》く、生機《せいき》已《すで》に絶《た》ゆ。倶《とも》に功業《こうぎょう》を建《た》て福祉《ふくし》を延《の》べ難《がた》し。（前集六九）

短気で気性の荒い者は、火が盛んに燃えるように、周りの者を焼き尽くしてしまう。人情味のない者は、氷のように冷たく、必ず周りの者を寒々しい気持ちにさせてしまう。頑固で融通のきかない者は、たまり水や腐った木のように、周りの者の活力を奪ってしまう。こうした者どもはみな、幸せや成功を手にすることが難しい。

燥性……かわいた激しい気性。　清く……つめたい。　凝滞……物事に拘泥すること。　生機……物を生かす力。

一六、真に憂慮すべき人

泛駕《ほうが》の馬《うま》も、駆馳《くち》に就《つ》くべく、躍冶《やくや》の金《きん》も、終《つい》に型範《けいはん》に帰《き》す。只《た》だ一《いつ》に優游《ゆうゆう》して振《ふる》わざるもの、便《すなわ》ち終身《しゅうしん》個《こ》の進歩《しんぽ》なし。白沙《はくさ》云《い》う、「人《ひと》と為《な》り多病《たびょう》なるは、未《いま》だ

羞《は》ずるに足《た》らず。一生病《いっしょうやまい》なきはこれ吾《わ》が憂《うれい》なり」と。真《しん》に確論《かくろん》なり。（前集七七）

手に負えないような荒馬も、御し方次第でうまく走らすことができ、鋳型から勝手に飛び出す金も、しまいには鋳型におさめることができる。ただ、日々だらだらと過ごし、やる気のない者だけは、一生かかっても進歩しない。陳白沙が言っている。「生まれつき病気がちであることは恥じるほどのことではない。むしろ、生涯、何の病気もせず、病気の苦しみを知らない人間のほうが心配だ」と。本当に確かな議論である。

泛駕の馬……車をひっくり返すような暴れ馬。　**優游**……ぐずぐず、だらだらすること。　**白沙**……明の学者、陳白沙。

一七、無欲という道

人《ひと》は只《ただ》一念貪私《いちねんたんし》なれば、便《すなわ》ち剛《ごう》を銷《け》して柔《じゅう》となし、智《ち》を塞《ふさ》ぎて昏《こん》となし、恩《おん》を変《へん》じて惨《さん》となし、潔《けつ》を染《そ》めて汚《お》となして、一生《いっしょう》の人品《じんぴん》を壊了《かいりょう》す。故《ゆえ》に古人《こじん》、貪《むさぼ》らざるを以《もっ》て宝《たから》となすは、一世《いっせ》に度越《どえつ》する所以《ゆえん》なり。（前集七八）

人間はほんの少しでも欲の皮が突っ張ると、強い意志や信念は崩れ、智がくらまされ理性が働かなくなり、愛情が残酷な心に変わり、潔白な心も悪に染まって汚れてしまい、人としての品格は地に落ちる。だからこそ、昔の人は、無欲であることがいちばん大切だとしたのだが、それが俗世間を超越する道である。

壊了……破壊してしまうこと。

一八、中庸を行く

気象《きしょう》は高曠《こうこう》を要《よう》して、而《しか》も疎狂《そきょう》なるべからず。心思《しんし》は縝密《しんみつ》を要《よう》して、而《しか》も瑣屑《させつ》なるべからず。趣味《しゅみ》は冲淡《ちゅうたん》を

要《よう》して、而《しか》も偏枯《へんこ》なるべからず。操守《そうしゅ》は厳明《げんめい》を要《よう》して、而《しか》も激烈《げきれつ》なるべからず。（前集八一）

意思は高く広くなければならないが、現実離れしていてはならない。思考は注意深くめぐらさなければならないが、細かいことに捉われすぎてはならない。趣味はあっさりすべきだが、偏りすぎ枯れてはならない。節操は厳しく守らなければならないが、過激であってはならない。

気象……心の持ち方、心意気。　**疎狂**……世情を知らず常軌を逸脱していること。　**瑣屑**……煩わしいほど細かいこと。

一九、徳のある人物

清《せい》にして能《よ》く容《い》るることあり、仁《じん》にして能《よ》く断《だん》を善《よ》くし、明《めい》にして察《さつ》を傷《きず》つけず、直《ちょく》にして矯《きょう》に過《す》ぎず。これを蜜餞《みつせん》甜《あま》からず、海味《かいみ》醎《から》からずと謂《い》い、纔《わずか》に是《こ》れ懿《い》徳《とく》なり。（前集八三）

清廉潔白でありながら、しかも包容力があり、思いやりを持ちながら、しかも優れた決断力を持っており、頭脳明晰でありながら、他人のあら探しをせず、正直でありながら、ことさら正直を装わない。このような人物を、砂糖漬けでも甘すぎず、海産物でも辛すぎないといい、それでこそ立派な徳を持つ人物といえる。

蜜餞甜からず……蜜入りの食べ物でも甘すぎない。
懿徳……立派な美徳。

二〇、禍を福に転ず

念頭《ねんとう》起《お》こる処《ところ》、纔《わずか》に欲路上《よくろじょう》に向《むか》って去《さ》るを覚《さと》らば、便《すなわ》ち挽《ひ》きて理路上《りろじょう》より来《き》たせ。一《ひと》たび起《お》こりて便《すなわ》ち覚《さと》り、一《ひと》たび覚《さと》りて便《すなわ》ち転《てん》ず。此《こ》れは是《こ》れ禍《わざわい》を転《てん》じて福《ふく》と

為《な》し、死《し》を起《お》こして生《せい》を回《かえ》すの関頭《かんとう》なり。切《せつ》に軽易《けいい》に放過《ほうか》することなかれ。（前集八六）

自分の心に欲が出てきたと感じたら、それこそすぐに正しい道に戻るように戒めよ。心の中に迷いが生じたら、その心を直視し、すぐに改める。これでこそ、禍を福に転じ、起死回生のチャンスをつかむことができる。決して軽くみて見逃してはならない。

念頭……こころ。　関頭……機会、チャンス。

二一、人の値打ちは後半生で決まる

声妓《せいぎ》も晩景《ばんけい》に良《りょう》に従《したが》えば、一世《いっせ》の胭花《えんか》も碍《さまた》げなし。貞《てい》婦《ふ》も白頭《はくとう》に守《まも》りを失《うしな》えば、半生《はんせい》の清苦《せいく》も倶《とも》に非《ひ》なり。語《ご》に云《い》う、「人《ひと》を看《み》るには只《た》だ後《のち》の半截《はんせつ》を看《み》よ」と。真《しん》に名言《めいげん》なり。（前集九二）

芸妓でも晩年になって身を固め、よく夫に仕えたならば、過去の浮ついた生活も妨げにならない。ところが、貞節な妻でも白髪になってから操を失えば、それまでの苦労が台無しになる。ことわざにも、「人の値打ちは、後半生で決まる」とある。まことに名言である。

声妓……芸妓、妓女。　良……夫。　一世の胭花……「胭花」は白粉のこと。一生の浮ついた生活。　語……ことわざ。

二二、人間の真価

平民《へいみん》も肯《あえ》て徳《とく》を種《う》え恵《めぐ》みを施《ほどこ》さば、便《すなわ》ち是《こ》れ無位《むい》の公相《こうしょう》なり。士夫《しふ》も徒《いたずら》に権《けん》を貪《むさぼ》り寵《ちょう》を市《う》らば、竟《つい》に有爵《ゆうしゃく》の乞人《きつじん》となる。（前集九三）

二三、祖先の恩恵

祖宗《そそう》の徳沢《とくたく》を問《と》わば、吾《わ》が身《み》の享《う》くる所《ところ》のもの是《こ》れな

普通の庶民でも、自ら進んで人のため、世のために尽くせば、官位はなくとも宰相に匹敵する。高位高官の者でも、その権勢にあぐらをかき、人に恩を売るだけの人間であれば、爵位があっても袖乞い同然である。

平民……無位無官の人、普通の庶民。**寵を市らば**……「寵」は恵み、恩寵の意。恩を売れば。

り。当《まさ》に其《そ》の積累《せきるい》の難《かた》きを念《おも》うべし。子孫《しそん》の福祉《ふくし》を問《と》わば、吾《わ》が身《み》の貽《のこ》す所《ところ》のもの是《こ》れなり。其《そ》の傾覆《けいふく》の易《やす》きを思《おも》うを要《よう》す。（前集九四）

祖先の恩恵は何かといえば、自分がいま享受している幸せがそれである。祖先の長年の苦労に思いを致し、感謝の気持ちを忘れてはならない。子孫の幸福は何かといえば、自分自身がいま行っている日々の善行や努力によってもたらされる幸せがそれである。それらを積み続けることは難しく、崩れやすいものだと肝に銘じておくべきだ。

徳沢……恩恵。　**積累**……積み重ねる。

＊「積善《せきぜん》の家《いえ》には必《かなら》ず余慶《よけい》あり。積不善《せきふぜん》の家《いえ》には必《かなら》ず余殃《よおう》あり」（『易経』坤　文言伝）とある。

二四、君子の道

澹泊《たんぱく》の士《し》は、必《かなら》ず濃艶《のうえん》なる者《もの》の疑《うたが》う所《ところ》となり、検飭《けんちょく》の人《ひと》は、多《おお》くは放肆《ほうし》なる者《もの》の忌《い》む所《ところ》となる。君子《くんし》は此《こ》れに処《しょ》して、固《もと》より少《すこ》しもその操履《そうり》を変《へん》ずべからず、ま

た太《はなは》だその鋒芒《ほうぼう》を露《あら》わすべからず。（前集九八）

質素で無欲な人は派手で欲の強い人から疎まれるものであり、慎み深く厳しい人は、勝手気ままでだらしのない人からは嫌われるものである。君子たる者は、これらに対処するにあたり、自分の信念を少しも曲げてはならないが、またその鋭い矛先を露にしすぎてもいけない。

検飭……身を慎み厳しく戒めること。　**操履**……信念。

二五、人生一度きり

天地《てんち》には万古《ばんこ》あるも、此《こ》の身《み》は再《ふたた》び得《え》ず。人生《じんせい》は只《た》だ百年《ひゃくねん》のみ、此《こ》の日《ひ》最《もっと》も過《す》ぎ易《やす》し。幸《さいわ》いその間《かん》に生《う》まるる者《もの》は、有生《ゆうせい》の楽《たの》しみを知《し》らざるべからず、また虚《きょ》生《せい》の憂《うれ》いを懐《いだ》かざるべからず。（前集一〇七）

天地は永遠のものであるが、人生は一度きりである。人の一生はせいぜい百年ほどで、あっという間に過ぎ去ってしまうものだ。幸いこの世に生まれてきたからには、人生を思いきり楽しむべきであるが、同時に人生を無駄に過ごすことへの恐れを持たなければならない。

二六、四つの戒

私恩《しおん》を市《う》るは、公議《こうぎ》を扶《たす》くるに如《し》かず。新知《しんち》を結《むす》ぶは、旧好《きゅうこう》を敦《あつ》くするに如《し》かず。栄名《えいめい》を立《た》つるは、隠徳《いんとく》を種《う》うるに如《し》かず。奇節《きせつ》を尚《たっと》ぶは、庸行《ようこう》を謹《つつし》むに如《し》かず。

万古……永遠、永久。

虚生……虚しく生きること。

（前集一一〇）

個人的な恩を着せるよりも、公平公正な意見に賛同したほうがよい。新しい友人をつくるよりも、古い友人とのつき合いを大切にしたほうがよい。名声や評判を求めるよりは、人知れず世のため人のために尽くしたほうがよい。奇特な行いを尊ぶよりは、普段の行いを慎むほうがよい。

奇節……奇特な節義。　**庸行**……「庸」は日常の意。普段の行い。

二七、信念に従う

意《い》を曲《ま》げて人《ひと》をして喜《よろこ》ばしむるは、躬《み》を直《なお》くして人《ひと》をして忌《い》ましむるに若《し》かず。善《ぜん》なくして人《ひと》の誉《ほまれ》を致《いた》すは、悪《あく》なくして人《ひと》の毀《そしり》を致《いた》すに若《し》かず。（前集一一二）

自分の信念を曲げてまで人を喜ばせようとするよりは、自分の行いを正しくして、人から煙たがられるほうがましだ。善い行いをしたわけでもないのに、人に褒められるよりは、身に覚えのない非難やそしりを受けるほうがましだ。

二八、大局を見よ

群疑《ぐんぎ》に因《よ》りて独見《どくけん》を阻《はば》むことなかれ。己《おのれ》が意《い》に任《まか》せて人《ひと》の言《げん》を廃《はい》することなかれ。小恵《しょうけい》を私《わたくし》して大体《だいたい》を傷《やぶ》ることなかれ。公論《こうろん》を借《か》りて以《もっ》て私情《しじょう》を快《こころよ》くすることなかれ。（前集一三〇）

多くの人々から疑いをもたれても、自分の意見を簡単に変えてはならない。自分の意見だけが正しいと信じて、他人の意見を排除してはならない。えこひいきをして全体の利益を損なってはならない。自分の個人的な恨みを晴らすために世論を利用してはならない。

独見……自分の意見。

大体……大局、全体のありさま。

二九、仲違いの元

当《まさ》に人《ひと》と過《か》を同《おな》じくすべく、当《まさ》に人《ひと》と功《こう》を同《おな》じくすべからず。功《こう》を同《おな》じくすれば、則《すなわ》ち相《あい》忌《い》む。人《ひと》と患難《かんなん》を共《とも》にすべく、人《ひと》と安楽《あんらく》を共《とも》にすべからず。安楽《あんらく》なれば

則《すなわ》ち相仇《あいあだ》とす。（前集一四二）

失敗の責任は共有すべきだが、成功の功績は共有してはならない。功績を共有しようとすると、仲違いが生じる。人と苦労を共にすべきだが、安楽を共にしてはならない。安楽を共にすれば、憎しみ合うようになる。

三〇、信用を得るには

人《ひと》と作《な》るに、点《てん》の真懇《しんこん》の念頭《ねんとう》なければ、便《すなわ》ち個《こ》の花子《かし》と成《な》り、事々《じじ》皆虚《みなきょ》なり。世《よ》を渉《わた》るに、段《だん》の円活《えんかつ》の機趣《きしゅ》なければ、便《すなわ》ちこれ個《こ》の木人《ぼくじん》にして、処々《しょしょ》に碍《さわり》あり。

（前集一四九）

人であるためには、少しは誠実な心がなければ、袖乞い同然で、何もかも皆いつわりとみなされ信用されない。この世の中でうまく生きていくためには、一つ如才ない気配りができなければ、木偶《でく》の坊と同じで、行く先々で壁にぶつかってしまう。

真懇……誠実なこと。　**花子**……袖乞い。　**木人**……木偶の坊。

三一、見返りを求めない

事《こと》を謝《しゃ》するは、当《まさ》に正盛《せいせい》の時《とき》に謝《しゃ》すべし。身《み》を居《お》くは宜《よろ》しく独後《どくご》の地《ち》に居《お》くべし。徳《とく》を謹《つつし》むは、須《すべか》らく至微《しび》の事《こと》を謹《つつし》むべし。恩《おん》を施《ほどこ》すは務《つと》めて報《むく》いざるの人《ひと》に施《ほどこ》せ。（前集一五四）

隠退は、大成功を収め人生の絶頂にある時にこそすべきだ。身を置く場所は、他人が行きたがらないところがよい。徳行を慎むには、人目につかない細事について行うべきだ。恩を施すには、務めて恩返しなど期待できない人に施せ。

事を謝す……仕官を辞める、引退するの意。独後の地……競争のない地位、誰も行きたがらない場所。

＊「功遂《こうと》げて身退《みしりぞ》くは、天《てん》の道《みち》なり」（『老子』九章）とある。

三二、人の道、学問の道

道《みち》は是《こ》れ一重《いっちょう》の公衆《こうしゅう》の物事《ものごと》なり、当《まさ》に人《ひと》に随《つ》いて接引《せついん》すべし。学《がく》は是《こ》れ一個《いっこ》の尋常《じんじょう》の家飯《かはん》なり、当《まさ》に事《こと》に随《したが》

いて警惕《けいてき》すべし。（前集一五八）

道徳は万人に共通するものであり、この世のすべての人が体得しなければならない人としての道であるから、だれでも教え導いてやるべきである。学問は食事と同じで、全ての人に欠かせないものであり、日々の努力や鍛錬が大事だと戒め慎むべきである。

接引……連れてくる。　**尋常の家飯**……日々の三度の食事。欠かせないものの意。　**警惕**……戒め慎むこと。

三三、三つの心がけ

己《おのれ》の心《こころ》を昧《くら》まさず、人《ひと》の情《じょう》を尽《つ》くさず、物《もの》の力《ちから》を竭《つく》さず。三者《さんしゃ》、以《もっ》て天地《てんち》の為《ため》に心《こころ》を立《た》て、生民《せいみん》の為《ため》に命《めい》を立《た》て、子孫《しそん》の為《ため》に福《ふく》を造《な》すべし。（前集一八二）

物欲に溺れて自分の心を見失ってはならないし、人の情を自分のために使い切らせてはならないし、物を酷使してはならない。この三つを心がければ、天の意思にかなう生き方ができ、人々の生活を安定させ、子孫に幸福をもたらすことができる。

＊「人《ひと》の歓《かん》を尽《つ》くさず、人《ひと》の忠《ちゅう》を竭《つ》くさず、以《もっ》て交《まじ》わりを全《まっと》うす」（『礼記』曲礼上）とある。

三四、手に負えぬ者

縦欲《しょうよく》の病《やまい》は医《いや》すべくして、而《しか》も執理《しゅうり》の病《やまい》は医《いや》し難《がた》し。事物《じぶつ》の障《さわ》りは除《のぞ》くべくして、而《しか》も義理《ぎり》の障《さわ》りは除《のぞ》き難《がた》し。（前集一八七）

私欲にこりかたまった病は治すことができるが、理屈にこりかたまった病は治すのが難しい。事物の欠陥や不良個所は取り除くことができるが、道理が通じない人間は直しようがない。

縦欲……私欲をほしいままにすること。　**執理**……理屈にこりかたまること。

三五、名声を欲することの害

利《り》を好《この》む者《もの》は、道義《どうぎ》の外《そと》に逸出《いつしゅつ》し、其《そ》の害顕《がいあら》われて浅《あさ》し。名《な》を好《この》む者《もの》は、道義《どうぎ》の中《なか》に竄入《ざんにゅう》し、其《そ》の害隠《がいかく》れて深《ふか》し。（前集一九〇）

私利を追求する者は、初めから人としての道から外れた言動をしているため、その悪行はだれの目にも留まりやすく、その弊害はさほど大きくない。名声を求める者は、道義を隠れ蓑にして裏で悪行を行うため、人の目につきにくく、その弊害は計り知れないほど大きい。

三六、冷血漢になるな

人《ひと》の恩《おん》を受《う》けては、深《ふか》しと雖《いえど》も報《むく》いず、怨《うらみ》は則《すなわ》ち浅《あさ》きもまたこれを報《むく》ゆ。人《ひと》の悪《あく》を聞《き》いては、隠《かく》れたりと雖《いえど》も疑《うたが》わず、善《ぜん》は則《すなわ》ち顕《あら》わるるもまたこれを疑《うたが》う。此《こ》れ刻《こく》の極《きょく》、薄《はく》の尤《ゆう》なり、宜《よろ》しく切《せつ》にこれを戒《いまし》むべし。（前集一九二）

人からどんなに深い恩を受けても報いようとしないくせに、受けた怨みはどんなに些細なものでも、必ず仕返しをする。他人の悪事や悪評を聞けば、本当かどうかわからなくても信じるくせに、善行や善い評判については、事実であっても疑ってかかる。このような人物は、極めて心の冷たい人間だ。こんな冷酷な人間にならないよう深く自戒すべきだ。

刻の極……「刻」は冷酷の意。冷酷の極み。　薄の尤……甚だしく薄情なこと。

三七、倹約と謙虚の陥穽

倹《けん》は美《び》徳《とく》なり。過《す》ぐれば則《すなわ》ち慳吝《けんりん》と為《な》り、鄙嗇《ひしょく》と為《な》

りて、反《かえ》って雅道《がどう》を傷《やぶ》る。譲《じょう》は懿行《いこう》なり。過《す》ぐれば則《すなわ》ち足恭《しゅきょう》と為《な》り、曲謹《きょくきん》と為《な》りて、多《おお》くは機心《きしん》に出《い》づ。（前集一九八）

倹約は美徳だ。しかし、度が過ぎればけちになり、意地汚くなって、結果的に、人としての正しい道に反してしまうことになる。謙虚な行いは立派である。しかし、度を越すとバカ丁寧となり、慎み過ぎて卑屈になって、たいていは何か魂胆を隠しているることが多い。

慳吝……けち。　**雅道**……人として正しい道。　**懿行**……立派な行いのこと。　**足恭**……うやうやしく、バカ丁寧なさま。　**機心**……たくらみのある心。

＊孔子は「知者《ちしゃ》は之《これ》に過《す》ぎ、愚者《ぐしゃ》は及《およ》ばず」（『中庸』四章）、「過《す》ぎたるは、猶《なお》及《およ》ばざるがごとし」（『論語』先進）といい、中庸を重んじた。

三八、儚きもの

山河大地《さんがだいち》も、已《すで》に微塵《みじん》に属《ぞく》す。而《しか》るを況《いわ》んや塵中《じんちゅう》の塵《じん》をや。血肉身軀《けつにくしんく》も、且《か》つ泡影《ほうえい》に帰《き》す。而《しか》るを況《いわん》や影外《えいがい》の影《えい》をや。上々《じょうじょう》の智《ち》にあらざれば、了々《りょうりょう》の心《こころ》なし。（後

集（二）

山河や大地のように大きなものでさえ、やがては微塵に砕けてしまう。ましてや、ちっぽけな存在でしかない人間などは、それこそ跡形もなくなってしまうだろう。この人間の肉体は、もともと水に浮かぶ泡のように儚いものだ。ましてや、名誉や地位、財産など幻に過ぎない。しかし、よほど優れた知恵を身につけていなければ、そこまで悟りきるのは難しい。

塵中の塵……微塵のなかの微塵。宇宙の中の本当にちっぽけな存在である人間のことを指す。

影外の影……影のまた影、功名富貴のたぐいを指す。　**了々の心**……心に深く悟ること。

三九、争うことの愚

石火光中《せっかこうちゅう》に、長《ちょう》を争《あらそ》い短《たん》を競《きそ》う、幾何《いくばく》の光陰《こういん》ぞ。蝸《か》牛角上《ぎゅうかくじょう》に、雌《し》を較《くら》べ雄《ゆう》を論《ろん》ず、許大《きょだい》の世界《せかい》ぞ。（後集一三）

人の一生は、一瞬飛び散る火花のように短いものなのに、どちらが長いか短いかと、わずかな違いを競い合ってみても、それがどれほどのものであろうか。人が住む世界も、かたつむりの角の上のようにごく狭い場所であるのに、勝った、負けたと騒いだところで、それがどれほどのものであろうか。

石火光中……火花を発する光の中、短い一瞬を指す。　**蝸牛角上**……かたつむりの角の上、ごく狭い場所を指す。

四〇、欲を断つ方法

色慾《しきよく》は火《ひ》のごとく熾《さか》んなるも、而《しか》も一念《いちねん》、病時《びょうじ》に及《およ》べば、便《すなわ》ち興《きょう》は寒灰《かんかい》に似《に》たり。名利《めいり》は飴《あめ》のごとく甘《あま》きも、而《しか》も一想《いっそう》、死地《しち》に到《いた》れば、便《すなわ》ち味《あじ》は嚼蝋《しゃくろう》の如《ごと》し。故《ゆえ》に、

＊「蝸牛角上《かぎゅうかくじょう》の争《あらそ》い」とは『荘子』（雑篇　則陽）の寓話にある。中唐の詩人・白楽天の詩、「蝸牛角上《かぎゅうかくじょう》に何事《なにごと》をか争《あらそ》う、石火光中《せっかこうちゅう》にこの身《み》を寄《よ》す。富《ふ》に随《したが》い貧《ひん》に随《したが》いて且《しばら》く歓楽《かんらく》す、口《くち》を開《ひら》いて笑《わら》わざるはこれ痴人《ちじん》」による。

人常《ひとつね》に死《し》を憂《うれ》え、病《やまい》を慮《おもんぱか》らば、また幻業《げんぎょう》を消《け》して、道心《どうしん》を長《ちょう》ずべし。（後集二四）

色欲は激しく燃え上がる炎のようなものだが、ひとたび病気にかかったときのことを考えると、その欲望も冷えた灰のように、たちまち冷めてしまう。名誉や利益は、飴のように甘いものだが、ひとたび死ぬときのことを考えると、その欲望も蠟をかむように、たちまち味気なくなるだろう。だからこそ、人間たるもの、常に死を意識し、病気になったときのことを考えながら暮らしていけば、色欲や名利といったものに惑わされることなく、求道の心を持続することができる。

寒灰……火の消えた灰。　**幻業**……幻のような行い。ここでは色欲名利のこと。

四一、主体性を持つ

我《われ》を以《もっ》て物《もの》を転《てん》ずる者《もの》は、得《とく》は固《もと》より喜《よろこ》ばず、失《しつ》もまた憂《うれ》えず、大地《だいち》も尽《ことごと》く逍遥《しょうよう》に属《ぞく》す。物《もの》を以《もっ》て我《われ》を役《えき》する者《もの》は、逆《ぎゃく》は固《もと》より憎《ぞう》を生《しょう》じ、順《じゅん》もまた愛《あい》を生《しょう》じ、一毛《いちもう》も便《すなわ》ち纏縛《てんばく》を生《しょう》ず。（後集九五）

自分の考えや信念をしっかり持ち、己が主体となって外物を使う者は、成功しても喜んで驕ることなく、失敗してもくよくよしない。こういう人は、どこで暮らそうとも、何が起きようとも悠然と構えていられる。自主性に乏しく、外物に振り回される者は、苦境に陥ると腹を立て、うまく物事が進めば今度は、その成功に執着し、ごく些細なことにも縛られ、身動きがとれなくなってしまう。

一毛……つまらない事柄。　纆縛……束縛すること。

＊「君子《くんし》は物《もの》を役《えき》し、小人《しょうじん》は物《もの》に役《えき》せらる」（『荀子』修身篇）とある。

四二、酒宴で好まれる人

笙歌《しょうか》正《まさ》に濃《こまや》かなる処《ところ》、便《すなわ》ち自《みず》から衣《い》を払《はら》って長《なが》く往《い》き、

達人《たつじん》の手《て》を懸崖《けんがい》に撒《さっ》するを羨《うらや》む。更漏已《こうろうすで》に残《のこ》る時《とき》、猶《ゆう》然《ぜん》として夜行《やこう》きて休《や》まず。俗士《ぞくし》の身《み》を苦海《くかい》に沈《しず》むるを咲《わら》う。（後集一〇四）

酒宴が大いに盛り上がり、宴たけなわになった頃、さりげなく席を立ち帰っていく人がいるが、その達人の姿はまるで手放しで絶壁の上を歩いているような潔さがあり羨ましい。すっかり夜も更けているというのに、まだ外をふらふらと歩いているような人がいるが、こういう俗人は、欲望の泥沼に溺れているようであさましい。

懸崖に撒する……断崖絶壁を手放しで歩く。　**更漏**……時刻。「更」は時間、「漏」は水時計の漏刻の意。

四三、執着心を断ち切る

寂《じゃく》を喜《この》み喧《けん》を厭《いと》う者《もの》は、往々《おうおう》にして人《ひと》を避《さ》けて以《もっ》て静《せい》を求《もと》む。意《い》、人《ひと》なきに在《あ》れば、便《すなわ》ち我相《がそう》を成《な》し、心《こころ》、静《せい》に着《ちゃく》せば便《すなわ》ち是《こ》れ動根《どうこん》なるを知《し》らず。如何《いかん》ぞ、人我《じんが》一視《いっし》、動静両忘《どうせいりょうぼう》の境界《きょうかい》に到《いた》り得《え》ん。（後集一〇六）

静けさを好み喧噪を嫌う者は、とかく人を避けることで静かな環境を得ようとする。しかし、意図的に人を避け人のいない場所に身を置こうとすること自体、自我にとらわれているのであり、静寂に執着すること自体、心を動かすもとであることを知らないのである。こんなことで、どうして自他を区別することなく、動も静もともに忘れ去るという境地に到達することができようか。

動根……心を動かす根源のこと。　**人我一視**……自他の区別なく平等に見ること。

四四、欲望も妙味となる

風月花柳《ふうげつかりゅう》なければ、造化《ぞうか》を成《な》さず。情欲嗜好《じょうよくしこう》なければ、心体《しんたい》を成《な》さず。ただ我《われ》を以《もっ》て物《もの》を転《てん》じ、物《もの》を以《もっ》て我《われ》を役《えき》せざれば、則《すなわ》ち嗜欲《しよく》も天機《てんき》にあらざるなく、塵情《じんじょう》も

即《すなわ》ち是《こ》れ理境《りきょう》なり。（後集一一六）

風や月、花や柳のような風物がなければ、自然は成り立たない。欲望や好き嫌いがなくては、人の心は成立しない。ただ大切なのは、自分が主体となって物を使いこなし、己が物に支配されないようにすることである。そうすれば、欲望や嗜好も天が人に与えた妙味となり、そこに真理の世界を見いだせよう。

四五、天は人を試す

分《ぶん》にあらざるの福《さいわい》、故《ゆえ》なきの獲《えもの》は、造物《ぞうぶつ》の釣餌《ちょうじ》にあらざれば、即《すなわ》ち人世《じんせい》の機阱《きせい》なり。此《こ》の処《ところ》、眼《まなこ》を着《つ》くること高《たか》からざれば、彼《かれ》の術中《じゅつちゅう》に堕《お》ちざること鮮《すくな》し。（後集一二七）

身の丈にそぐわない幸せや、何の理由もなく授かった物というのは、天が人を試すために撒いた餌か、あるいは人の世に仕掛けられた罠である。このようなとき、よほど志を高く持っていなければ、多くの人はその策略に引っかかってしまう。

第二章

人間関係の極意

一、譲歩のすすめ

経路《けいろ》の窄《せま》き処《ところ》は、一歩《いっぽ》を留《とど》めて人《ひと》の行《い》くに与《あた》え、滋味《じみ》濃《こま》やかなる的《もの》は、三分《さんぶ》を減《げん》じて人《ひと》の嗜《たしな》むに譲《ゆず》る。これは是《こ》れ世《よ》を渉《わた》る一《いち》の極安楽《ごくあんらく》の法《ほう》なり。（前集一三）

狭い小道では、一歩よけて人に道を譲ってあげ、おいしいものを食べるときには、自分のを三分減らして相手に分けてあげる。このような心がけが、この世の中をうまく生きていくための秘訣である。

二、友と交わるには

友《とも》と交《まじ》わるには、須《すべか》らく三分《さんぶ》の侠気《きょうき》を帯《お》ぶべし。人《ひと》と作《な》るには、一点《いってん》の素心《そしん》を存《そん》するを要《よう》す。（前集一五）

友人とは三分ほどの義侠心《ぎきょうしん》を持ってつき合うべきだ。立派な人間になるには、少なくとも純粋な心だけは残しておかなければならない。

侠気……義侠心。自分を犠牲にして人に尽くそうとする気持ち。**一点の素心**……一点の純粋な心。「素心」とは本心のこと。

三、人を利する

世《よ》に処《しょ》するに一歩《いっぽ》を譲《ゆず》るを高《たか》しとなす、歩《ほ》を退《しりぞ》くるは即《すなわ》ち歩《ほ》を進《すす》むるの張本《ちょうほん》なり。人《ひと》を待《ま》つに一分《いちぶ》を寛《ひろ》くするはこれ福《さいわい》なり。人《ひと》を利《り》するは実《じつ》に己《おのれ》を利《り》するの根《こん》基《き》なり。(前集一七)

世の中で生きていくためには、人に一歩譲る心がけを持つことが尊い。自ら一歩譲ることが、すなわち一歩を進める伏線となる。人とつき合う際にも、相手に対し一分は寛大に接すれば、良い結果につながる。人を利することが、結果的に自分に利益をもたらすことになるのだ。

張本……前置き、伏線のこと。物事の原因となる要素。　**根基**……根本、基礎。

＊「聖人《せいじん》は、其《そ》の身《み》を後《あと》にして而《しか》も身《み》は先《さき》んじ、其《そ》の身《み》を外《そと》にして而《しか》も身《み》は存《そん》す」（『老子』七章）とある。

四、人格を磨き高める道

完名美節《かんめいびせつ》は、宜《よろ》しく独《ひと》り任《にん》ずべからず。些《いささ》かを分《わか》って人《ひと》に与《あた》うれば、以《もっ》て害《がい》を遠《とお》ざけ身《み》を全《まっと》うすべし。辱行《じょくこう》

汚名《おめい》は、宜《よろ》しく全《まった》く推《お》すべからず。些《いささ》かを引《ひ》きて己《おのれ》に帰《き》すれば、以《もっ》て光《ひかり》を韜《つつ》み徳《とく》を養《やしな》うべし。（前集一九）

十分な名誉や節義は、独り占めしてはならない。少しは人にも分け与えるようにすれば、危難を避け、己の身を全うできる。恥ずべき行為や汚名は、すべて人にかぶせてはならない。その一部でも自分が引き受けるようにすることで、己の才能を隠し人格を磨き高めることができる。

完名美節……完全無欠で素晴らしい名誉と節操。　**辱行汚名**……恥ずかしい行為や評判。　**光を韜み**……才能をひけらかさない。

五、人を教え導くには

人《ひと》の悪《あく》を攻《せ》むるは、太《はなは》だ厳《げん》なることなかれ、その受《う》くるに堪《た》えんことを思《おも》うを要《よう》す。人《ひと》を教《おし》うるに善《ぜん》を以《もっ》てするは、高《たか》きに過《す》ぐることなかれ、当《まさ》にそれをして従《したが》うべからしむべし。（前集二三）

人の悪を責める際は、むやみやたらと厳しく叱りつけてはならない。その人が自分の叱責の言葉を受け入れることができる程度をきちんと考慮することだ。人を教え導く際は、目標が高すぎてはならない。その人が実行できる範囲のことか否かをしっかりと考慮して決めるべきだ。

六、無事こそ宝

世《よ》に処《しょ》しては、必《かなら》ずしも功《こう》を邀《もと》めざれ、過《あやま》ちなきは便《すなわ》ち是《こ》れ功《こう》なり。人《ひと》と与《とも》にしては徳《とく》に感《かん》ずることを求《もと》めざれ、怨《うら》みなきは便《すなわ》ち是《こ》れ徳《とく》なり。（前集二八）

この世をうまく生き抜くには、功名を立てようと、あくせく動き回らなくてもよい。大きな過ちや失敗を犯すことなく過ごすことができれば、それが何よりの功名である。対人関係においては、他人に何か与えたからといって、その恩返しを期待したり、感謝するよう求めたりしてはいけない。人から恨まれずに過ごすことができれば、それが何よりありがたいことなのだ。

七、憎まず、卑屈にならず

小人《しょうじん》を待《ま》つは、厳《げん》に難《かた》からずして悪《にく》まざるに難《かた》し。君《くん》子《し》を待《ま》つは、恭《きょう》に難《かた》からずして礼《れい》あるに難《かた》し。（前集三六）

つまらない人間に対して、その短所や欠点をあげつらい厳しく接するのは簡単なことだが、憎まないということは難しい。立派な人物に対して、その長所や美点に尊敬の念を表し、へりくだった態度で接するのは簡単だが、卑屈にならずに礼を尽くすのは難しい。

待つ……対処する。

八、若者の教育

弟子《ていし》を教《おし》うるは、閨女《けいじょ》を養《やしな》うが如《ごと》く、最《もっと》も出入《しゅつにゅう》を厳《げん》にし交遊《こうゆう》を謹《つつし》むを要《よう》す。若《も》し一《ひと》たび匪人《ひじん》に接近《せっきん》せば、これ清浄《せいじょう》の田中《でんちゅう》に一《いつ》の不浄《ふじょう》の種子《しゅし》を下《くだ》すなり、便《すなわ》ち終《しゅう》身《しん》、嘉禾《かか》を植《う》え難《がた》し。（前集三九）

若者を教育するのは、箱入り娘を育てるようなものだ。最も大切なのは、その出入りを厳格に監督し、交友関係に注意することである。いったん素行の悪い者に近づいてしまうと、悪風に染まるのも早い。それは、清浄な田地に不浄な種を蒔くようなものだ。不浄な種がはびこって、一生よい稲の苗など植えられなくなってしまう。

九、受けた恩と与えた恩

我《われ》、人《ひと》に功《こう》あらば念《おも》うべからず、而《しか》して過《あやまち》は則《すなわ》ち念《おも》わざるべからず。人《ひと》、我《われ》に恩《おん》あらば忘《わす》るべからず、而《しか》して怨《うらみ》は則《すなわ》ち忘《わす》れざるべからず。（前集五一）

人に与えた恩は忘れてしまうのがよい。しかし、かけた迷惑を忘れてはならない。人から受けた恩は忘れてはならない。しかし、受けた恨みは忘れてしまうべきだ。

過……迷惑。

一〇、恩に着せず

恩《おん》を施《ほどこ》す者《もの》は、内《うち》に己《おのれ》を見《み》ず、外《そと》に人《ひと》を見《み》ざれば、即《すなわ》ち斗粟《とぞく》も万鐘《ばんしょう》の恵《めぐ》みに当《あ》たるべし。物《もの》を利《り》する者《もの》は、己《おのれ》の施《し》を計《はか》り、人《ひと》の報《ほう》を責《せ》むれば、百鎰《ひゃくいつ》と雖《いえど》も一文《いちもん》の功《こう》を成《な》し難《がた》し。（前集五二）

人に恩恵を施す者は、それに対して感謝を求めたり、恩返しを期待したりしなければ、たとえわずかな施しであっても莫大な恩恵に値する。人に利益を与える者は、自分の利益を図ったり、見返りを期待したりするのであれば、たとえ莫大な大金を与えたとしても、一文の値打ちもなくなる。

一、人にしてはならぬこと

人《ひと》の小過《しょうか》を責《せ》めず、人《ひと》の陰私《いんし》を発《あば》かず、人《ひと》の旧悪《きゅうあく》を念《おも》わず。三者《さんしゃ》、以《もっ》て徳《とく》を養《やしな》うべく、また以《もっ》て害《がい》に遠《とお》ざかるべし。（前集一〇五）

人の小さな過失をとがめず、人の隠しておきたい私事を暴かず、人の過去の悪事をいつまでも覚えておくようなことをしない。この三つを実行すれば、自らの人格を磨くことができるだけでなく、人から恨みを買うこともない。

陰私……秘密にしておきたい私事。　**旧悪を念わず**……過去の悪事をいつまでも覚えておくことはしない。

＊「伯夷《はくい》・叔斉《しゅくせい》は旧悪《きゅうあく》を念《おも》わず。怨《うらみ》、是《こ》れを用《もっ》て希《まれ》なり」（『論語』公冶長）とある。

二二、感謝を期待するな

怨《うらみ》は徳《とく》に因《よ》りて彰《あら》わる。故《ゆえ》に人《ひと》をして我《われ》を徳《とく》とせしむるは、徳《とく》と怨《うらみ》の両《ふた》つながら忘《わす》るるに若《し》かず。仇《あだ》は恩《おん》に因《よ》りて立《た》つ。故《ゆえ》に人《ひと》をして恩《おん》を知《し》らしむるは、恩《おん》と仇《あだ》

の倶《とも》に泯《ほろ》ぶるに若《し》かず。（前集一〇八）

怨みは、人に徳を施すことによって生じる。だから、人に徳を施しても、感謝を期待するよりは、その徳も怨みもともに忘れてもらうほうがよい。仇は、人に恩を施すことによって生じる。だから、人に恩を施しても、その恩も仇もともに消え去るようにしてもらうほうがよい。

一三、有事のときには

父兄骨肉《ふけいこつにく》の変《へん》に処《しょ》しては、宜《よろ》しく従容《しょうよう》たるべく、宜《よろ》しく激烈《げきれつ》なるべからず。朋友交游《ほうゆうこうゆう》の失《しつ》に遇《あ》いては、宜《よろ》しく剴切《がいせつ》なるべく、宜《よろ》しく優游《ゆうゆう》たるべからず。（前集一一三）

肉親の者が何か事件に巻き込まれたり、災難に見舞われたりしたときには、できるだけ落ち着いて対応するのがよく、感情的になって取り乱してはならない。親友や仲間が何か過ちを犯してしまったときには、できるだけ適切な忠告をするのがよく、黙って見過ごしてはならない。

従容たる……落ち着いて、判断を誤らないようにすること。**剴切**……剴は大きな鎌。草を刈る意から、適切な処置をする。**優游**……ぐずぐずすること、優柔不断。

一四、思いやりも度を過ぎれば

千金《せんきん》も一時《いちじ》の歓《かん》を結《むす》び難《がた》く、一飯《いっぱん》も竟《つい》に終身《しゅうしん》の感《かん》を致《いた》す。蓋《けだ》し、愛《あい》重《おも》ければ反《かえ》って仇《あだ》となり、薄《はく》極《きわ》まりて翻《ひるがえ》って喜《よろこ》びを成《な》すなり。（前集一一五）

大金を与えても、その場かぎりの感謝の言葉すらもらえないこともあれば、たった一度食事を与えただけで、意外にも一生感謝されることもある。思いやりも度が過ぎれば、かえって反感を買い、ちょっとした心遣いでも、心から感謝される場合がある。

一時の歓……ひとときの喜び。**一飯**……一度の食事、わずかな恵みのこと。**終身の感**……生涯感謝の念を持ち続けること。

＊韓信が極貧の生活をしていた少年時代に、その様子を憐れんだ漂母（洗濯婆さん）が一飯の食を与えた。のち韓信は千金をもってこの恩に報いたという。（『史記』淮陰侯列伝）

一五、人の欠点・短所を暴かず

人《ひと》の短処《たんしょ》は曲に弥縫《つぶさびほう》を為《な》すを要《よう》す。如《も》し暴《あら》わしてこれを揚《あ》ぐれば、是《こ》れ短《たん》を以《もっ》て短《たん》を攻《せ》むるなり。人の頑《がん》ある的《もの》は、善《よ》く化誨《かかい》を為《な》すを要《よう》す。如《も》し忿《いか》りてこれを疾《にく》まば、是《こ》れ頑《がん》を以《もっ》て頑《がん》を済《な》すなり。（前集一二一）

人の欠点や短所は、それが目立たないようにできるだけ上手にカバーしてやる必要がある。もしそれを暴き立てると、自分の短所をもって人の短所を咎めるようなもので、逆効果である。頑固な人に対しては、辛抱強く諭してやる必要がある。もし相手の頑固さに腹を立ててしまうと、自分の頑固をもって人の頑固に対するようなもので、相手をさらに意固地にさせてしまう。

弥縫を為す……うまく取り繕う。欠点や失敗を取りなしてやること。**頑ある的**……頑固者、片意地な人。**化誨**……教化訓戒。人を改めさせ、教え諭すこと。**頑を済す**……頑固を助長する。

一六、本心を打ち明けてはならぬ人

沈々《ちんちん》不語《ふご》の士《し》に遇《あ》わば、且《しば》らく心《こころ》を輸《いた》すこと莫《なか》れ。悻々《こうこう》自《みず》から好《よ》しとするの人《ひと》を見《み》れば、応《まさ》に須《すべか》らく口《くち》を防《ふせ》ぐべし。（前集一二二）

気持ち悪いほど落ち着き、口数が少ない人に、自分の本心を打ち明けてはならない。感情の起伏が激しく、自分だけが正しいと思っているような人には、話しかけられないようにすべきだ。

沈々不語……薄気味悪いほど落ち着いていて、ものを言わない人。**心を輸す**……本心を明かすこと。**悻々**……そむき、怒るようす。**口を防ぐ**……言葉をかけられないようにする。

一七、怒りを制御する

人《ひと》の詐《いつわり》を覚《さと》るも、言《げん》に形《あら》わさず。人《ひと》の侮《あなどり》を受《う》くるも、

色《いろ》に動《うご》かさず。此《こ》の中《なか》に無窮《むきゅう》の意味《いみ》あり、また無窮《むきゅう》の受用《じゅよう》あり。（前集一二六）

人にだまされたと気づいても、言葉に出してとがめだてしない。人が自分のことをバカにしたり見下した態度をとったりしても、怒りを顔に出さず平然としている。こうした態度の中に、尽きない趣があり、また計り知れない効用がある。

色に動かさず……怒りなどを表に出して顔色を形わす……表に出して人に知らせる。表現する。

意味……含蓄。　**受用**……効用。

形わす……表に出して人に知らせる。表現する。

一八、口を戒むべし

善人《ぜんにん》、未《いま》だ急《きゅう》に親《した》しむこと能《あた》わざれば、宜《よろ》しく預《あらか》じめ揚《あ》ぐべからず。恐《おそ》らくは讒譖《ざんしん》の奸《かん》を来《き》たさん。悪人《あくにん》、未《いま》だ軽《かるがる》しく去《さ》ること能《あた》わざれば、宜《よろ》しく先《ま》ず発《はっ》すべからず。恐《おそ》らくは媒孽《ばいげつ》の禍《わざわい》を招《まね》かん。（前集一三二）

善人であっても、親しくつき合う間柄でないときには、前もってむやみに褒めそやしてはならない。おそらく、二人の間柄をうらやんで、陰口をたたき仲違いさせてしまおうとする輩が出てくるであろうから。悪人であっても、まだ相手と簡単には手が切れない間柄であれば、うかつに悪口を言うのはよくない。おそらく、そうした悪口はすぐ相手の耳に入り、陥れられるかもしれないから。

預じめ揚ぐ……前もって褒めたり顕彰したりすること。**讒譖の奸**……かげ口を言って仲を割く悪賢い人物。**媒孼の禍**……罪を捏造して陥れる禍を作り出すこと。

一九、部下の功績と過失

功過《こうか》は少《すこ》しも混《こん》ず容《べ》からず、混《こん》ずれば則《すなわ》ち人《ひと》、惰堕《だき》の心《こころ》を懐《いだ》かん。恩仇《おんきゅう》は太《はなは》だ明《あき》らかにすべからず、明《あき》らかなれば則《すなわ》ち人《ひと》、携弐《けいじ》の志《こころざし》を起《お》こさん。（前集一三六）

部下の功績と過失については、あいまいな評価をしてはならない。もしあいまいにすれば、部下はやる気を失い怠けてしまうだろう。部下への個人的な好悪の感情については、あからさまにしてはならない。もし個人的な感情を交えれば、部下の信用を失い、誰もついてこなくなる。

功過……功績と過失。　**惰堕**……怠惰堕落の意。なまけて身を持ち崩すこと。　**携弐**……「携」は離れる、「弐」は疑う。疑いそむくこと。

二〇、逃げ道を断つべからず

奸《かん》を鋤《す》き倖《こう》を杜《ふさ》ぐは、他《かれ》に一条《いちじょう》の去路《きょろ》を放《はな》つを要《よう》す。若《も》しこれをして一《いち》も容《い》るる所《ところ》なからしめば、譬《たと》えば鼠《ねずみ》の穴《あな》を塞《ふさ》ぐものの如《ごと》し。一切《いっさい》の去路《きょろ》都《すべ》て塞《ふさ》ぎ尽《つ》くせば、則《すなわ》ち一切《いっさい》の好物《こうぶつ》も倶《とも》に咬《か》み破《やぶ》られん。（前集一四〇）

悪者や邪《よこしま》な人間を排除するにも、一つだけは彼らの逃げ道をつくっておいてやる必要がある。もしも逃げ道を断ち、ぎりぎりまで追い詰めてしまうと、たとえばネズミの穴をふさぎ退路を断つようなものである。すべての逃げ道をふさいでしまえば、大切なものまですべて咬み破られてしまうだろう。

奸を鋤き……土を掘って根から除草するように、邪なものを一掃する。　**倖を杜ぐ**……諂《へつら》う者やよからぬ人間との関係を断つ。　**去路**……行路、出路。逃げ道。

＊「囲師《いし》には必《かなら》ず闕《か》き、窮寇《きゅうこう》には迫《せま》ること勿《なか》れ」（『孫子』九変篇）とある。

二一、緩急自在

事《こと》は、これを急《きゅう》にして白《あき》らかならざるものあり、これを寛《かん》にせば或《あるい》は自《おのず》から明《あき》らかならん、躁急《そうきゅう》にして以《もっ》て其《そ》の忿《いか》りを速《まね》くことなかれ。人《ひと》はこれを操《と》りて従《したが》わざるものあり、これを縦《はな》てば或《あるい》は自《おのず》から化《か》せん、操《と》ること切《せっ》にして以《もっ》て其《そ》の頑《がん》を益《ま》すことなかれ。（前集一五二）

物事は、せっかちに事情を把握しようと思っても、はっきりしないことがある。そういうときは、ゆったりと構えていれば、自然と明らかになることもある。無理にせかして人の反感を買ってはならない。人を使おうとしても、なかなか従わない者がいる。そういうときは、自由にやりたいようにやらせていれば、自然と意識や態度が変わってくることもある。従わそうと口うるさく言って、その人を余計意固地にさせてはならない。

速く……招く。　操る……操縦する。

二二、己の誠を貫く

人《ひと》を信《しん》ずる者《もの》は、人《ひと》未《いま》だ必《かなら》ずしも尽《ことごと》くは誠《まこと》ならざるも、己《おのれ》は則《すなわ》ち独《ひと》り誠《まこと》なり。人《ひと》を疑《うたが》う者《もの》は、人《ひと》未《いま》だ必《かなら》ずしも皆《みな》は詐《いつわ》らざるも、己《おのれ》は則《すなわ》ち先《ま》ず詐《いつわ》れり。（前集一五九）

人を信用する人間は、人は必ずしも皆がみな誠実とは限らないが、少なくとも自分だけは誠実さを貫いたことになる。人を疑う人間は、人は必ずしも皆がみな不誠実とは限らないのに、最初から相手を騙したようなものである。

二三、交際の心得

故旧《こきゅう》の交《まじ》わりに遇《あ》いては、意気《いき》愈々《いよいよ》新《あら》たなるを要《よう》す。
隠微《いんび》の事《こと》に処《しょ》しては、心迹《しんせき》宜《よろ》しく愈々《いよいよ》顕《あき》らかなるべし。
衰朽《すいきゅう》の人《ひと》を待《ま》つには、恩礼《おんれい》当《まさ》に愈々《いよいよ》隆《さか》んなるべし。（前

集一六(二)

昔からの友人とは、いつも新鮮な気持ちでつき合うように心がけたい。人に知られたくないような事柄を扱うときには、よりいっそう、公明正大な態度で臨むよう心がけたい。年老いた人や現役を退いた人に対しては、今まで以上に思いやりの気持ちをもって丁重に接するよう心がけたい。

意気……気持ちを通わせる。

二四、自分に厳しく人には寛大に

人《ひと》の過誤《かご》は宜《よろ》しく恕《じょ》すべきも、而《しか》も己《おのれ》に在《あ》りては則《すなわ》ち恕《じょ》すべからず。己《おのれ》の困辱《こんじょく》は当《まさ》に忍《しの》ぶべきも、而《しか》も人《ひと》に在《あ》りては則《すなわ》ち忍《しの》ぶべからず。（前集一六五）

人の過ちについては、寛大な気持ちで許すのがよい。しかし、自分の過ちについては、決して許してはならない。自分の苦しみは耐え忍ばなければならない。しかし、他人の苦しみは決して見過ごしてはならない。

＊「躬《み》自《みずか》ら厚《あつ》くして、薄《うす》く人《ひと》を責《せ》むれば、則《すなわ》ち怨《うらみ》に遠《とお》ざかる」（『論語』衛霊公）とある。

二五、恩恵と威厳を示す秘訣

恩《おん》は宜《よろ》しく淡《たん》よりして濃《のう》なるべし。濃《のう》を先《さき》にし淡《たん》を後《あと》にすれば、人《ひと》は其《そ》の恵《けい》を忘《わす》る。威《い》は宜《よろ》しく厳《げん》よりして寛《かん》なるべし。寛《かん》を先《さき》にして厳《げん》を後《あと》にすれば、人《ひと》は其《そ》の酷《こく》を怨《うら》む。（前集一六七）

人に恩恵を施す場合には、最初はわずかで、徐々に手厚くしていくのがよい。初め手厚くしておいて、後になって減らしていけば、人はその恩恵を忘れるものである。人に威厳を示す場合には、最初は厳しくして、しだいにゆるめていくのがよい。最初に縛りをゆるくして後になって厳しくすれば、人はその厳しさを恨むものである。

淡……手薄い。　濃……手厚い。

二六、小人と争うな

小人《しょうじん》と仇讐《きゅうしゅう》することを休《や》めよ、小人《しょうじん》は自《おのず》から対頭《たいとう》あり。君子《くんし》に向《む》かいて諂媚《てんび》することを休《や》めよ、君子《くんし》は原《もと》私恵《しけい》なし。（前集一八六）

とるに足りない小人と争うな。小人には小人に相応《ふさわ》しい相手がいるものである。立派な君子にこびへつらうな。君子はもともとえこひいきなどしないものである。

対頭……相手。相方。仲間。　**諂媚**……媚びへつらう。

二七、君子と小人の態度に注意すべし

寧《むし》ろ小人《しょうじん》の忌毀《きき》する所《ところ》と為《な》るも、小人《しょうじん》の媚悦《びえつ》する所《ところ》と為《な》るなかれ。寧《むし》ろ君子《くんし》の責修《せきしゅう》する所《ところ》と為《な》るも、君子《くんし》

の包容《ほうよう》する所《ところ》と為《な》るなかれ。（前集一八九）

とるに足りない小人からは憎み嫌われてもよいが、彼らにこびへつらわれるようであってはならない。立派な君子からは厳しく叱られてもよいが、見放されて寛大に扱われるようであってはならない。

忌毀……憎み嫌われ、悪口を言われる。　**媚悦**……媚びへつらう。　**責修**……叱責し、よき方へ導く。

二八、人の評判に惑わされるな

悪《あく》を聞《き》いては、就《すなわ》ち悪《にく》むべからず、恐《おそ》らくは讒夫《ざんぷ》の怒《いか》りを洩《も》らすを為《な》さん。善《ぜん》を聞《き》いては、急《きゅう》に親《した》しむべからず、恐《おそ》らくは奸人《かんじん》の身《み》を進《すす》むるを引《ひ》かん。（前集二〇五）

人の悪い評判を聞いても、すぐにその人を憎んではならない。その評判は、その人を陥れるために悪口を讒言する者の策略かもしれないからだ。人の良い評判を聞いても、それを信じて急に親しくつき合ったりしてはいけない。その噂が、心のまがった人間が自分をよく見せようとして企んだことかもしれないからだ。

奸人……邪な人。　引かん……誘引するかもしれない。

二九、人の過失を責めるときは

人《ひと》を責《せ》むる者《もの》は、無過《むか》を有過《ゆうか》の中《うち》に原《たず》ぬれば、則《すなわ》ち情《じょう》平《たい》らかなり。己《おのれ》を責《せ》むる者《もの》は、有過《ゆうか》を無過《むか》の内《うち》に求《もと》むれば、則《すなわ》ち徳進《とくすす》む。（前集二一八）

人の過失や欠点を責めるときには、悪いところだけをとがめるのでなく、同時に良いところも評価してやることが大切だ。そうすれば、叱られたほうも嫌な気持ちにならなくて済む。自分の過失や欠点を反省するときには、良いところのなかにも悪いところがないか、あえて探し出すくらいの厳しい態度が必要だ。そうすれば、人格にも一段と磨きがかかるだろう。

無過……過失がない。　**原ぬ**……尋ね求める。

＊「己《おの》れを修《おさ》めて人《ひと》を責《せ》めざれば、則《すなわ》ち難《なん》より免《まぬか》る」（『春秋左氏伝』閔公二年）とある。

三〇、陶冶の機を逃すな

子弟《してい》は大人《たいじん》の胚胎《はいたい》なり。秀才《しゅうさい》は士夫《しふ》の胚胎《はいたい》なり。此《こ》の時《とき》、若《も》し火力到《かりょくいた》らず、陶鋳純《とうちゅうじゅん》ならざれば、他日《たじつ》、世《よ》を渉《わた》り朝《ちょう》に立《た》ちて、終《つい》に個《こ》の令器《れいき》と成《な》り難《がた》し。（前集二一九）

子どもは大人の卵であり、秀才は将来において指導者となる卵である。この卵の時期に、もし十分に焼きを入れず、人格の陶冶を怠れば、将来、社会に出て官職についても、とうてい立派な人材にはなれない。

胚胎……胎児。　**令器**……優れた人物。

三一、道を譲る

先《さき》を争《あらそ》うの径路《けいろ》は窄《せま》し、退《しりぞ》き後《おく》るること一歩《いっぽ》なれば、自《おのず》から一歩《いっぽ》を寛平《かんぺい》にす。濃艶《のうえん》の滋味《じみ》は短《みじか》し、清淡《せいたん》なること一分《いちぶ》なれば、自《おのず》から一分《いちぶ》を悠長《ゆうちょう》にす。（後集二五）

人より一歩先を行こうと争う道は狭い。人より一歩退いて歩めば、自然とその分だけ道は広く平らかになる。こってりとした味はすぐに飽きがくる。少しでもあっさりとした味にすれば、自然とその分だけ長く味わえる。

寛平……広く平らか。

第三章

逆境に打ち克つ知恵

一、君子の取るべき態度

天地《てんち》は寂然《せきぜん》として動《うご》かずして、而《しか》も気機《きき》は息《や》むことなく停《とど》まること少《まれ》なり。日月《にちげつ》は昼夜《ちゅうや》に奔馳《ほんち》して、而《しか》も貞明《ていめい》は万古《ばんこ》に易《かわ》らず。故《ゆえ》に君子《くんし》は、閒時《かんじ》には喫緊《きっきん》の心思《しんし》あるを要《よう》し、忙処《ぼうしょ》には悠閒《ゆうかん》の趣味《しゅみ》あるを要《よう》す。（前集八）

天地は静まりかえり、それ自体は動かないが、陰陽の気のはたらきは止むことはない。太陽や月は昼夜を問わず運行しているが、その運行が規則正しく明らかなさまは永遠に変わらない。したがって、君子は暇なときには有事に備えておく必要があり、忙しいときほど、ゆったりと落ち着いた態度で対処する必要がある。

二、順境と逆境の処し方

恩裡《おんり》に由来害《ゆらいがい》を生《しょう》ず。故《ゆえ》に快意《かいい》の時《とき》、須《すべか》らく早《はや》く頭《こうべ》を回《めぐ》らすべし。敗後《はいご》に或《あるい》は反《かえ》って功《こう》を成《な》す。故《ゆえ》に払心《ふっしん》の処《ところ》、便《すなわ》ち手《て》を放《はな》つこと莫《なか》れ。（前集一〇）

人から情けをかけられ、手厚い待遇を受けているときに、思わぬ災難に見舞われることがある。したがって、何でも思い通りに事が進むようなときこそ、本当にこれでいいのかと反省し、気持ちを引き締めなければならない。失敗や挫折をした後に、かえって成功のきっかけをつかむこともある。したがって、失敗して思い通りにいかないときでも、あきらめて投げ出してはならない。

恩裡……恩恵を受ける境遇にあるうちに。

頭を回らす……反省する。

三、悔悟をなくす法

飽後《ほうご》に味《あじ》を思《おも》わば、則《すなわ》ち濃淡《のうたん》の境《きょう》都《すべ》て消《き》え、色後《しきご》に婬《いん》を思《おも》わば、則《すなわ》ち男女《だんじょ》の見《けん》尽《ことごと》く絶《た》ゆ。故《ゆえ》に人《ひと》常《つね》に事後《じご》の悔悟《かいご》を以《もっ》て、臨時《りんじ》の癡迷《ちめい》を破《やぶ》らば、則《すなわ》ち性《せい》定《さだ》まりて

動《うご》くこと正《ただ》しからざるはなし。

（前集二六）

満腹になった後で味のことを考えても、味わいが濃い薄いといった微妙な違いなどわからなくなる。性交の後で色欲のことを考えても、異性を求める情欲はすっかりなくなってしまっている。したがって、人は常にその物事の終わった後に後悔しないかを考え、愚かな迷いを取り除けば、心が定まり、行動に間違いがなくなる。

濃淡の境……味の濃い淡いの区別。　**性定まる**……真心が確定する。

四、事業の進退

事窮《ことぎわ》まり勢蹙《せいちぢ》まるの人《ひと》は、当《まさ》にその初心《しょしん》を原《たず》ぬべし。功成《こうな》り行満《こうみ》つるの士《し》は、その末路《まつろ》を観《み》んことを要《よう》す。

（前集三〇）

事業に行き詰まり、どのように進んでいけばよいかわからなくなった者は、まず初心に帰り、失敗の原因についてじっくりと考えてみるべきである。事業が成功し頂点を極めた者は、行く末をよく見極め、自らの引き際を決めておく必要がある。

原ぬ……遡って追求する。

五、立場を変えて見る

卑《ひく》きに居《お》りて後《のち》、高《たか》きに登《のぼ》るの危《あやう》きたるを知《し》る。晦《くら》きに処《お》りて後《のち》、明《あか》るきに向《むか》うの太《はなは》だ露《あら》わるるを知《し》る。静《せい》を守《まも》りて後《のち》、動《どう》を好《この》むの労《ろう》に過《す》ぐるを知《し》る。黙《もく》を養《やしな》いて後《のち》、言多《げんおお》きの躁《そう》たるを知《し》る。（前集三二）

身分や地位が低ければ、高い身分や地位にいる人の危うさがわかる。暗いところにいれば、明るいところにいる人の挙動が見渡せる。静かに過ごしていると、利益や名誉を求めて動き回っている人のむなしさがわかる。沈黙を守っていれば、多弁な人がいかに騒々しいかがわかる。

六、克己心

魔《ま》を降《くだ》す者《もの》は、先《ま》ず自心《じしん》を降《くだ》せ。心伏《こころふく》すれば則《すなわ》ち群《ぐん》魔《ま》は退《しりぞ》き聴《き》く。横《おう》を馭《ぎょ》する者《もの》は、先《ま》ず此《こ》の気《き》を馭《ぎょ》せよ。気平《きたい》らかなれば則《すなわ》ち外横《がいおう》は侵《おか》さず。（前集三八）

世の中にはさまざまな誘惑があるが、こうした魔性の誘惑をはねのけようとする者は、まず自らの心に打ち勝つようにせよ。煩悩を制御できれば、人心を惑乱させるさまざまな悪魔も退散してしまう。横やりを入れ妨害してくる者を制御しようとする者は、まず自らの心をコントロールせよ。心を平静に保つことができれば、妨害者は侵入できず退いてしまう。

＊「自《みずか》ら勝《か》つ者《もの》は強《つよ》し」（『老子』三十三章）とある。また、明の思想家・王陽明も「山《さん》中《ちゅう》の賊《ぞく》を破《やぶ》るは易《やす》く、心中《しんちゅう》の賊《ぞく》を破《やぶ》るは難《かた》し」と言っている。

七、徳と道義の力

彼《かれ》は富《とみ》もてせば我《われ》は仁《じん》、彼《かれ》は爵《しゃく》もてせば我《われ》は義《ぎ》もてす。君子《くんし》は固《もと》より君相《くんしょう》の牢籠《ろうろう》する所《ところ》とならず。人定《ひとさだ》まればば天《てん》に勝《か》ち、志一《こころざしいつ》なれば気《き》を動《うご》かす。君子《くんし》もまた造《ぞう》

物《ぶつ》の陶鋳《とうちゅう》を受《う》けず。（前集四二）

相手が財力を振りかざせば、こちらは仁の徳で対抗し、相手が爵位を振りかざせば、こちらは道義で対抗する。君子はもともと財力や爵位によって君主や宰相に籠絡されるものではない。人は心が定まれば天にも勝ち、意思を強固に貫けば、気を動かすことができる。君子たる者は、天地創造の神々にも意志の自由を束縛されるものではない。

八、苦心のうちに喜びあり

苦心《くしん》の中《うち》に、常《つね》に心《こころ》を悦《よろこ》ばしむるの趣《おもむき》を得《う》。得意《とくい》の時《とき》に、便《すなわ》ち失意《しつい》の悲《かな》しみを生《しょう》ず。（前集五八）

苦労をしているさなかに、とかく心を喜ばすことがあるものだ。成功して得意絶頂のときに、とたんに失意の悲しみが訪れるものだ。

＊孔子の言葉にも「遇《ぐう》と不遇《ふぐう》とは時《とき》なり」（『荀子　宥坐篇』）とある。

九、逆境を順境と受け止める

天《てん》の機緘《きかん》は測《はか》られず。抑《おさ》えて伸《の》べ、伸《の》べて抑《おさ》う、皆《みな》これ英雄《えいゆう》を播弄《はろう》し、豪傑《ごうけつ》を顛倒《てんとう》する処《ところ》なり。君子《くんし》は只《た》だ是《こ》れ逆《ぎゃく》に来《き》たれば順《じゅん》に受《う》け、安《やす》きに居《お》りて危《あやう》きを思《おも》う、天《てん》もまたその伎倆《ぎりょう》を用《もち》うる所《ところ》なし。（前集六八）

天の采配は予測できない。抑えては伸ばし、伸ばしてはまた抑える。すべてこれは、英雄を翻弄し、豪傑を蹴り倒そうとするものである。君子はただ、天が逆境を与えれば順境として受け止め、平穏無事なときにも有事の際の備えをする。このような君子には、さすがの天も運命を操る手腕を発揮できないのである。

機緘……変化のからくり。　播弄……翻弄する。

＊「安《やす》きに居《お》りて危《あや》うきを思《おも》う。思《おも》えば則《すなわ》ち備《そな》えあり、備《そな》えあれば患《うれ》えなし」（『書経』説命中）とある。

一〇、事業を発展させる道

未《いま》だ就《な》らざるの功《こう》を図《はか》るは、已《すで》に成《な》るの業《ぎょう》を保《たも》つに如《し》かず。既《き》往《おう》の失《しつ》を悔《く》ゆるは、将来《しょうらい》の非《ひ》を防《ふせ》ぐに如《し》かず。

（前集八〇）

まだ何も結果が出ていない事業の成功を画策するよりは、すでに軌道に乗っている事業の発展をはかるほうがよい。過去の失敗についてくよくよ悩むよりは、将来の失敗を防ぐ対策を考えるほうがよい。

一一、身は貧しくとも

貧家《ひんか》も浄《きよ》く地《ち》を払《はら》い、貧女《ひんじょ》も浄《きよ》く頭《あたま》を梳《くしけず》れば、景色《けいしょく》は艶麗《えんれい》ならずと雖《いえど》も、気度《きど》は自《おのず》からこれ風雅《ふうが》なり。士《し》君子《くんし》、一《ひと》たび窮愁《きゅうしゅう》寥落《りょうらく》に当《あ》たるも、奈何《いかん》ぞ輒《すなわ》ち自《みず》から廃弛《はいし》せんや。（前集八四）

みすぼらしい家も庭先をきちんと掃き清め、貧しい家の娘もきれいに髪をとかしていれば、外見は華やかで美しいとは言えないものの、自ずと風情を感じるものだ。一人前の男であれば、たとえ生活が困窮し失意のどん底に突き落とされても、どうしてそれですぐに自暴自棄になってよかろうか。

一二、運命と立命

天《てん》、我《われ》に薄《うす》くするに福《ふく》を以《もっ》てせば、吾《われ》、吾《わ》が徳《とく》を厚《あつ》くして以《もっ》てこれを迓《むか》えん。天《てん》、我《われ》を労《ろう》するに形《かたち》を以《もっ》てせば、吾《われ》、吾《わ》が心《こころ》を逸《いつ》にして以《もっ》てこれを補《おぎな》わん。天《てん》、我《われ》を阨《やく》するに遇《ぐう》を以《もっ》てせば、吾《われ》、吾《わ》が道《みち》を亨《とお》らしめて以《もっ》てこれを通《つう》ぜん。天且《てんか》つ我《われ》を奈何《いかん》せんや。(前集九〇)

天が幸福を授けてくれないなら、自分の徳を磨いて幸福を得よう。天が肉体を苦しめるなら、精神を楽にして苦しみを癒やそう。天が苦境に陥らせるなら、わが道を貫き通そう。こうすれば、天といえども、どうすることもできないだろう。

一三、天の働き

貞士《ていし》は福《ふく》を徼《もと》むるに心《こころ》なし。天即《てんすなわ》ち無心《むしん》の処《ところ》に就《つ》いて、その衷《ちゅう》を牖《みちび》く。憸人《けんじん》は禍《わざわ》いを避《さ》くるに意《い》を着《つ》く。天《てん》即《すなわ》ち着意《ちゃくい》の中《うち》に就《つ》いて、その魄《はく》を奪《うば》う。見《み》るべし、天《てん》の機権《きけん》の最《もっと》も神《しん》なるを。人《ひと》の智巧《ちこう》は何《なん》の益《えき》かあらん。

（前集九一）

節義のかたい人物は、自ら幸せを求めようとはしないが、天はその無心に報いるために、その者のまごころを導き、幸せを授ける。陰険な人間は、常に不幸や災難を免れたいと気をもんでいるが、天はその心につけこみ魂を脅して禍を与える。これによってもわかるが、天の働きはまったく神秘的で不可思議なものだ。人間の知恵など何の助けにもならない。

憸人……陰険な者。　**魄を奪う**……脅しつける。

一四、順境は凶器である

逆境《ぎゃっきょう》の中《うち》に居《お》らば、周身《しゅうしん》、皆鍼砭薬石《みなしんべんやくせき》にして、節《せつ》を砥《と》ぎ行《こう》を礪《みが》きて、而《しか》も覚《さと》らず。順境《じゅんきょう》の内《うち》に処《お》らば、満前尽《まんぜんことごと》く兵刃戈矛《へいじんかぼう》にして、膏《あぶら》を銷《とか》し骨《ほね》を靡《び》して、而《しか》も知《し》らず。（前集九九）

逆境におかれているときは、身のまわりのすべてのものが己を磨く良薬となり、節操も行動も知らぬ間に磨かれてくる。順境におかれているときは、眼前のすべてのものが己をむしばむ凶器となり、肉が溶かされ骨が削られていることに気づかない。

鍼砭……治療用のはり。

薬石……病気治療のための薬とはり。

一五、盛時に注意すべし

老来《ろうらい》の疾病《しっぺい》は、都《すべ》て是《こ》れ壮時《そうじ》に招《まね》きし的《もの》なり。衰後《すいご》の罪孽《ざいげつ》は、都《すべ》て是《こ》れ盛時《せいじ》に作《な》せし的《もの》なり。故《ゆえ》に盈《えい》を持《じ》し満《まん》を履《ふ》むは、君子《くんし》尤《もっと》も兢々《きょうきょう》たり。（前集一〇九）

老後の疾病は、すべて若い時に不摂生を重ねた報いであり、落ち目になってからの災いは、すべて羽振りの良い時に無理をした報いである。だからこそ、栄華を極め満ち足りたときこそ、特に慎重にふるまわなければならない。

罪孽……禍。

一六、己を慎む

奇《き》に驚《おどろ》き異《い》を喜《よろこ》ぶ者《もの》は、遠大《えんだい》の識《しき》なく、苦節独行《くせつどっこう》の者《もの》

は、恒久《こうきゅう》の操《そう》にあらず。（前集一一八）

目新しく風変わりなものに飛びついてしまう者は、深い見識に欠けている。周りの意見に耳を貸さず、ひたすら我が道を突っ走る者は、志を長く守り続けることができない。

操……操守。

一七、労苦で鍛えられる

横逆困窮《おうぎゃくこんきゅう》は、是《こ》れ豪傑《ごうけつ》を煆煉《かれん》するの一副《いっぷく》の鑪錘《ろすい》なり。其《そ》の煆煉《かれん》を受《う》くれば、則《すなわ》ち身心交《しんしんこもご》も益《えき》し、其《そ》の煆煉《かれん》を受《う》けざれば、則《すなわ》ち身心交《しんしんこもご》も損《そん》す。（前集一二七）

逆境や困窮の苦しみは、ひとかどの人物をたくましく焼き鍛えるための溶鉱炉のようなものだ。その労苦の中で鍛え上げられれば、心身ともに強健となり、その労苦を経験し損ねると、心身ともに軟弱な出来損ないになってしまう。

横逆……乱暴で道理に反した仕打ちを受ける。災難。逆境。　**煆煉**……焼ききたえる。

＊「冬日《とうじつ》の閉凍《へいとう》や固《かた》からざれば、則《すなわ》ち春夏《しゅんか》の草木《そうもく》を長《ちょう》ずるや茂《しげ》からず」（『韓非子』解老）とある。艱難辛苦を経験しなければ、後日の繁栄はない。

一八、人情の通弊

饑《う》うれば則《すなわ》ち附《つ》き、飽《あ》けば則《すなわ》ち颺《あが》り、燠《あたた》かなれば則《すなわ》ち趨《おもむ》き、寒《さむ》ければ則《すなわ》ち棄《す》つるは、人情《にんじょう》の通患《つうかん》なり。君子《くんし》は宜《よろ》しく当《まさ》に冷眼《れいがん》を浄拭《じょうしょく》すべし。慎《つつし》んで軽《かるがる》しく剛腸《ごうちょう》

を動《うご》かすことなかれ。（前集一四三）

腹がすいているときには、しげしげとやってくるのに、満腹になれば去っていく。景気がいいときは、せっせと通ってくるが、落ち目になると寄りつきもしなくなる。これは人情の通弊である。君子たる者は、冷静な目を更に清め正し、行動を慎み己の信念を軽々しく変えてはならない。

颺り……飛び散る。　**剛腸**……固い信念。

＊初唐の詩人・劉廷芝《りゅうていし》にも「一朝病《いっちょうやまい》に臥《ふ》して相識無《そうしきな》く、三春《さんしゅん》の行楽《こうらく》誰《た》が辺《へん》にか在《あ》る」（代悲白頭翁）とある。

一九、想定外が世の常

魚網《ぎょもう》の設《もう》くる、鴻《おおとり》則《すなわ》ち其《そ》の中《なか》に罹《かか》る。蟷螂《とうろう》の貪《むさぼ》る、雀《すずめ》また其《そ》の後《あと》に乗《じょう》ず。機裡《きり》に機《き》を蔵《ぞう》し、変外《へんがい》に変《へん》を生《しょう》ず。智巧《ちこうなん》何ぞ恃《たの》むに足《た》らんや。（前集一四八）

魚を捕まえようとして網を張ったところ、予想外にも大きな雁がかかることがある。獲物を狙うカマキリを、後ろからスズメが狙っていることもある。からくりの中にからくりが隠されていたり、思いがけない異変の後にまた異変が起きたりと、想定外だらけなのが世の中だ。人間の浅知恵やたくらみなど何の役にも立たない。

機……からくり。しかけ。

＊「漁網《ぎょもう》を之《こ》れ設《もう》けて、鴻《こう》則《すなわ》ち之《こ》れに離《かか》る」（『詩経』邶風　新台）とあるによる。

二〇、毀誉褒貶に惑わされない

我《われ》貴《たっと》くして人《ひと》これを奉《ほう》ずるは、此《こ》の峩冠大帯《がかんだいたい》を奉《ほう》ずるなり。我《われ》賤《いや》しくして人《ひと》これを侮《あなど》るは、此《こ》の布衣草履《ふいそうり》を

侮《あなど》るなり。然《しか》らば、則《すなわ》ち原我《もとわれ》を奉《ほう》ずるにあらず、我胡《われなん》ぞ喜《よろこ》びを為《な》さん。原我《もとわれ》を侮《あなど》るにあらず、我胡《われなん》ぞ怒《いか》りを為《な》さん。（前集一六九）

人間は、とかく高い地位にある人のことを尊敬するが、それは彼らが立派な服装をしているためだ。低い地位の人を何かとバカにするが、それは彼らが粗末な服装をしているからだ。そうだとすれば、もともと人格や本質を見て尊敬しているわけではないのだから、どうして喜んでいられようか。もともと人格や本質を見てバカにされているわけではないのだから、どうして腹を立てていられようか。

二一、利害得失

事《こと》を議《ぎ》する者《もの》は、身《み》、事《こと》の外《そと》に在《あ》りて、宜《よろ》しく利害《りがい》の情《じょう》を悉《つく》すべし。事《こと》に任《にん》ずる者《もの》は、身《み》、事《こと》の中《なか》に居《お》りて、当《まさ》に利害《りがい》の慮《おもんぱかり》を忘《わす》るべし。（前集一七三）

ある物事について話し合うときには、常に客観的な視点を持ち、利害得失について十分検討せよ。物事を実行に移す際には、当事者として、個人的な利害得失は一切忘れよ。

悉す……知り尽くす。

二二、耐の一字

語《ご》に云《い》う、「山《やま》に登《のぼ》りては側路《そくろ》に耐《た》え、雪《ゆき》を踏《ふ》んでは危橋《ききょう》に耐《た》う」と。一《いち》の耐《たい》の字《じ》、極《きわ》めて意味《いみ》あり。傾険《けいけん》の人情《にんじょう》、坎坷《かんか》の世道《せどう》の如《ごと》き、若《も》し一《いち》の耐《たい》の字《じ》を得《え》て撐《とう》持《じ》し過《す》ぎ去《さ》らざれば、幾何《いくばく》か榛莽坑塹《しんぼうこうざん》に堕入《だにゅう》せざらんや。(前集一七九)

「山を登るときは険しい斜面に耐えて登り続け、雪道では、危険な吊り橋に耐えて前に進め」という言葉があるが、この「耐」の一字に極めて深い意味がある。険しい人情の道や山あり谷ありの人生の道を渡り歩くのは容易ではなく、この「耐」の力を身につけ、大事な支えとして辛抱強く生きていかなければ、どれだけ多くの者が山道で藪に踏み迷い、穴に落ち込まないであろうか。

坎坷……行き悩む。　**撑持**……支える。

二三、自分を蝕むもの

讒《ざん》夫《ぷ》毀《き》士《し》は、寸《すん》雲《うん》の日《ひ》を蔽《おお》うが如《ごと》く、久《ひさ》しからずして

自《おのず》から明《あき》らかなり。媚子阿人《びしあじん》は、隙風《げきふう》の肌《はだ》を侵《おか》すに似《に》て、其《そ》の損《そこな》うを覚《おぼ》えず。（前集一九二）

他人を誹謗中傷する者は、太陽の光を隠すちぎれ雲のようなもので、時間が経てば風に雲が吹き払われるように真実が明らかになる。こびへつらい迎合する者は、すきま風に長くあたっていると知らぬ間に風邪をひくようなもので、気づかぬうちに自分を駄目にしてしまう。

二四、事業成否の共通項

功《こう》を建《た》て業《ぎょう》を立《た》つる者《もの》は、多《おお》くは虚円《きょえん》の士《し》なり。事《こと》を僨《やぶ》り機《き》を失《うしな》う者《もの》は、必《かなら》ず執拗《しつよう》の人《ひと》なり。（前集一九四）

事業を成功させ、大きな功績をあげる人というものは、たいてい、物事にとらわれず柔軟な対応ができる人である。事業に失敗し、チャンスを失ってしまうような人は、例外なく強情で融通のきかない人である。

虚円……虚心坦懐で屈託がない。

二五、バランスを取る

世《よ》に処《しょ》しては、宜《よろ》しく俗《ぞく》と同《おな》じかるべからず、また宜《よろ》しく俗《ぞく》と異《こと》なるべからず。事《こと》を作《な》すには、宜《よろ》しく人《ひと》をして厭《いと》わしむべからず、また宜《よろ》しく人《ひと》をして喜《よろこ》ばしむべからず。（前集一九五）

世の中をうまく生きていくためには、世俗の通弊や悪習に染まった人とまったく同じであってはならないが、彼らとまったくかけ離れて接点を持たないというのもよくない。事業を営むには、人から嫌われてもいけないし、といって、喜んでもらうことばかり考えているのもよくない。

二六、得意淡然、失意泰然

払意《ふつい》を憂《うれ》うることなかれ、快心《かいしん》を喜《よろこ》ぶことなかれ。久安《きゅうあん》を恃《たの》むことなかれ、初難《しょなん》を憚《はばか》ることなかれ。（前集一九九）

思い通りにならないからといって、くよくよと悩んではいけない。思い通りになったからといって有頂天になってはいけない。今の幸せが永遠に続くと思ってはいけない。何かを始めようとして出鼻を挫かれたとしても逃げてはならない。

払意……思い通りにならない。　**快心**……払意の対義語。

二七、早熟は晩成に及ばず

桃李《とうり》は艶《えん》なりと雖《いえど》も、何《なん》ぞ松蒼柏翠《しょうそうはくすい》の堅貞《けんてい》なるに如《し》かん。梨杏《りきょう》は甘《あま》しと雖《いえど》も、何《なん》ぞ橙黄橘緑《とうこうきつりょく》の馨冽《けいれつ》なるに如《し》かん。信《まこと》なるかな、濃夭《のうよう》は淡久《たんきゅう》に及《およ》ばず、早秀《そうしゅう》は晩《ばん》成《せい》に如《し》かざることや。（前集二二二）

桃や李《すもも》の花は、あでやかで美しいが、松や柏が四季を通じてその緑を変えないのには及ばない。梨や杏は甘くておいしいが、だいだいやみかんの爽やかな香りには及ばない。まことに、あでやかで短命なものは、地味で長持ちするものには及ばないし、早熟は晩成には及ばないものだ。

二八、身を引く算段

歩《ほ》を進《すす》むるの処《ところ》、便《すなわ》ち歩《ほ》を退《しりぞ》くを思《おも》わば、庶《こいねが》わくは藩《まがき》に触《ふ》るるの禍《わざわい》を免《まぬが》れん。手《て》を着《つ》くるの時《とき》、先《ま》ず手《て》を放《はな》つを図《はか》らば、纔《わずか》に虎《とら》に騎《の》るの危《あやう》きを脱《のが》れん。（後集二九）

前に進むときに、一歩退く算段をしておけば、雄羊が垣根に角を突っ込み身動きがとれなくなるような災難を免れるだろう。事業に着手する際に、その事業から手を引く段取りを考えておけば、虎の背に乗り、勢いで突っ走る危険を避けられるだろう。

＊「羝羊《ていよう》、藩《まがき》に触《ふ》れ、退《しりぞ》くこと能《あた》わず、遂《すす》むこと能《あた》わず」（『易経』大壮）とある。

二九、富者の憂慮

多《おお》く蔵《ぞう》する者《もの》は厚《あつ》く亡《うしな》う、故《ゆえ》に富《とみ》は貧《ひん》の慮《おもんぱかり》なきに如《し》かざるを知《し》る。高《たか》く歩《あゆ》む者《もの》は疾《はや》く顚《たお》る、故《ゆえ》に貴《き》は賤《せん》の常《つね》に安《やす》きに如《し》かざるを知《し》る。（後集五三）

財産が多い者は、失うときの損害も大きい。だから、貧しい人は物を失う心配をしなくてもいいので、金持ちよりも安心して暮らせることがわかる。地位の高い人は、躓き倒れやすい。だから、地位の低い人は、躓き倒れる心配もないので、高位の人よりも安心して暮らせることがわかる。

三〇、心境を転じる

老《ろう》より少《しょう》を視《み》れば、以《もっ》て奔馳《ほんち》角逐《かくちく》の心《こころ》を消《け》すべし。瘁《すい》より栄《えい》を視《み》れば、以《もっ》て紛華靡麗《ふんかびれい》の念《ねん》を絶《た》つべし。（後集五七）

老人になった心境で若者を見れば、争って功績や名誉を求める気持ちを消すことができよう。落ちぶれた気持ちになって栄えている生活を見れば、うわべだけの贅沢さを求める気持ちを断ち切ることができよう。

奔馳角逐……勢いよく走り回り、争い合う。紛華靡麗……華やかで贅沢なさま。

三一、冷静と情熱

熱閙《ねっとう》の中《うち》に一冷眼《いちれいがん》を着《つ》くれば、便《すなわ》ち許多《きょた》の苦心思《くしんし》を省《はぶ》

冷落《れいらく》の処《ところ》に一熱心《いちねっしん》を存《そん》すれば、便《すなわ》ち許多《きょた》の真趣味《しんしゅみ》を得《う》。（後集五九）

忙しいさなかにあっても、冷静な視点を持ち合わせていれば、落ち込んだりイライラしたりするのを減らせる。落ちぶれているときでも、投げやりになることなく情熱を持って事に当たれば、そこにさまざまなおもしろさややりがいを見い出すことができる。

熱閙……騒がしい。多忙。　**許多**……多い。　**冷落**……不景気でひっそりしている。

三二、鳥に倣え

伏《ふ》すこと久《ひさ》しきものは、飛《と》ぶこと必《かなら》ず高《たか》く、開《ひら》くこと先《せん》なるものは、謝《しゃ》すること独《ひと》り早《はや》し。此《こ》れを知《し》らば、以《もっ》て蹭蹬《そうとう》の憂《うれ》いを免《まぬか》るべく、以《もっ》て躁急《そうきゅう》の念《ねん》を消《け》すべし。

（後集七七）

長い間羽を休め、力を蓄えていた鳥は、いったん大空に飛び出せば、必ず他の鳥よりも高く舞い上がる。他の花よりも早く開いたものは、散るのもまた早い。この道理がわかっていれば、人生の途中でよりどころを失いよろめく心配もなければ、焦って成功を求める気持ちを消すこともできる。

三三、万物はみな同じ

天地中《てんちちゅう》の万物《ばんぶつ》、人倫中《じんりんちゅう》の万情《ばんじょう》、世界中《せかいじゅう》の万事《ばんじ》は、俗眼《ぞくがん》を以《もっ》て観《み》れば、紛々各々異《ふんぷんおのおのこと》なるも、道眼《どうがん》を以《もっ》て観《み》れば、種々是《しゅじゅこ》れ常《じょう》なり。何《なん》ぞ分別《ふんべつ》を煩《わずら》わさん。何《なん》ぞ取捨《しゅしゃ》を用《もち》いん。（後集八七）

この宇宙に存在するすべての物、人間関係におけるさまざまな感情、社会の中で起こるさまざまな出来事は、俗人の視点から見れば、それぞれに異なって見えるが、世の中の道理を悟った達人にとっては、すべてが同じく不変である。何も区別する必要もないし、選別する必要もない。

＊「天地《てんち》は一指《いっし》なり、万物《ばんぶつ》は一馬《いちば》なり」（『荘子』内篇　斉物論）とあり、天地万物のすべては一体であり、そこに何の差別もないと荘子はいっている。

三四、真の賢人

病《やまい》に遇《あ》いて後《のち》に強《きょう》の宝《たから》たるを思《おも》い、乱《らん》に処《しょ》して後《のち》に平《へい》の福《ふく》たるを思《おも》うは、蚤智《そうち》にあらざるなり。福《ふく》を倖《ねが》いて先《ま》ず其《そ》の禍《わざわい》の本《もと》たるを知《し》り、生《せい》を貪《むさぼ》りて先《ま》ず其《そ》の死《し》

の因《いん》たるを知《し》るは、其《そ》れ卓見《たっけん》なるか。（後集九九）

病気にかかってから健康のありがたさに気づき、戦争が起きて初めて平和のありがたさがわかるというのでは、先見の明があるとは言えない。幸せを願いながらも、それが不幸の原因となることを知っており、長生きをしたいと願いながらも、その先には死が待つことを知っている人こそ賢人といえる。

蚤智……先見の明。

三五、粘り強くあれ

縄鋸《じょうきょ》も木《き》断《た》ち、水滴《すいてき》も石《いし》穿《うが》つ。道《みち》を学《まな》ぶ者《もの》は須《すべか》らく力索《りきさく》を加《くわ》うべし。水《みず》到《いた》れば渠《みぞ》成《な》り、瓜熟《うりじゅく》せば蔕《へた》落《お》つ。道《みち》を得《う》る者《もの》は一《いち》に天機《てんき》に任《まか》す。（後集一一〇）

縄でも、長い時間をかけて木をこすれば、のこぎりと同じように木を切ることができるし、雨だれでも、長い時間同じところに落ちれば、石に穴をうがつ。人としての正しい道を学ぶ者は、このように粘り強く努力を続けなければならない。水が流れれば、そこに自然と溝ができ、瓜が熟すと自然にへたが落ちる。人としての正しい道を究めたい者は、このように自然と機が熟し、道が開けてくるのを待つべきである。

三六、いかなる不幸も悲しみも

子生《こう》まれて母危《ははあやう》く、鏹積《きょうつ》んで盗窺《とううかが》う。何《なん》の喜《よろこ》びか憂《うれ》いにあらざらん。貧《ひん》は以《もっ》て用《よう》を節《せっ》すべく、病《やまい》は以《もっ》て身《み》を保《たも》つべし、何《なん》の憂《うれ》いか喜《よろこ》びにあらざらん。故《ゆえ》に達人《たつじん》は、当《まさ》に順逆一視《じゅんぎゃくいっし》して、欣戚《きんせき》両《ふた》つながら忘《わす》るべし。（後集一二〇）

子どもが生まれるとき、母親の生命は危険にさらされる。金持ちになると、泥棒に財産を狙われる。どんな喜びや幸せも、悲しみや不幸の原因にならないものはない。

貧乏であれば、できるだけ無駄遣いはしないし、病気になれば、健康に気をつかい体を大事にする。どんな悲しみや不幸も喜びや幸せの種にならないものはない。人生の達人は、順境も逆境も同じであると見なし、喜びも悲しみもともに忘れ去るのである。

鏹……金銭。　**欣戚**……喜びと憂い。

＊「人間万事《にんげんばんじ》塞翁《さいおう》が馬《うま》」（『淮南子』人間訓）とある。

第四章

心の持ち方

一、日々を喜ぶ

疾風怒雨《しっぷうどう》には、禽鳥《きんちょう》も戚々《せきせき》たり。霽日光風《せいじつこうふう》には、草木《そうもく》も欣々《きんきん》たり。見《み》るべし、天地《てんち》は一日《いちにち》も和気《わき》なかるべからず、人心《じんしん》は一日《いちにち》も喜神《きしん》なかるべからず。（前集六）

嵐の日には、鳥までも恐ろしさに震えている。穏やかな天候に恵まれた日には、草木も楽しげで喜びにあふれているようだ。このことからもわかるが、天地には日々あたたかい陽気が必要であり、人の心にも日々喜び楽しむ気持ちが欠かせないのである。

戚々……不安なさま。　**霽日**……晴天。

二、自らを恥じる

夜深《よるふか》く人静《ひとしず》まれるとき、独《ひと》り坐《ざ》して心《こころ》を観《かん》ずれば、始《はじ》めて妄窮《もうきわ》まりて真独《しんひと》り露《あら》わるるを覚《おぼ》ゆ。毎《つね》に此《こ》の中《うち》において、大機趣《だいきしゅ》を得《う》。既《すで》に真現《しんあら》われて妄《もう》の逃《のが》れ難《がた》きを覚《おぼ》ゆれば、また此《こ》の中《うち》において、大慚忸《だいざんじく》を得《う》。（前集九）

深夜、人が寝静まったとき、独り座って自分の心と向き合ってみると、さまざまな煩悩が消えて、清らかな本当の心が見えてくる。このとき、心はのびのびと自由に働くようになる。こうして本当の心が現れても、煩悩から逃れられないと悟ることができれば、そのとき、真に自らを恥じ反省する心が芽生えてくる。

機趣……自在な心の働き。　慚忸……恥じ入る。

三、処世信条

面前《めんぜん》の田地《でんち》は、放《はな》ち得《え》て寛《ひろ》くして、人《ひと》をして不平《ふへい》の歎《なげ》きなからしむるを要《よう》す。身後《しんご》の恵沢《けいたく》は、流《なが》し得《え》て長《なが》くして、人《ひと》をして不匱《ふき》の思《おも》いあらしむるを要《よう》す。（前集一二）

この世に生きる心構えとしては、できるだけ広く大きな心を持ち、相手に不平不満の気持ちを抱かせないようにすることだ。死後の恩恵については、なるべく長く後世に残して、人々に満ち足りた思いをさせるようにすることだ。

四、真心が現れるとき

矜高倨傲《きょうこうきょごう》は、客気《かっき》にあらざるはなし。客気《かっき》を降伏《こうふく》し得下《えくだ》して、而《しか》る後《のち》に正気《せいき》は伸《の》ぶ。情欲意識《じょうよくいしき》は、尽《ことごと》く妄心《もうしん》に属《ぞく》す。妄心《もうしん》を消殺《しょうさつ》し得尽《えつく》して、而《しか》る後《のち》に真心《しんしん》は

現《あら》わる。（前集二五）

自らを誇り、他人を見下したりいばったりするのは、から元気を出しているにすぎない。このから元気を克服できて初めて、本当の元気が伸びてくる。情愛や欲望、利益打算などを考えてしまうのは、すべて心の中に迷いがあるからだ。心の中の迷いを消し去ることができて初めて、真心が現れてくる。

消殺……削ぎ落とす。

五、幸せに気づける人

福《さいわい》は事少《ことすく》なきより福《さいわい》なるはなく、禍《わざわい》は心多《こころおお》きより禍《わざわい》なるはなし。唯《た》だ事《こと》に苦《くる》しむ者《もの》のみ、方《はじ》めて事少《ことすく》なきの福《さいわい》たるを知《し》り、唯《た》だ心《こころ》を平《たい》らかにする者《もの》のみ、始《はじ》めて心多《こころおお》きの禍《わざわい》たるを知《し》る。（前集四九）

幸せとは、何の騒動もなく日々平穏無事に暮らせることほど幸せなことはなく、不幸とは、あれこれと思い煩うことが多く、常に満足できない状態ほど不幸なことはない。ただ、自分がいろいろなことに首をつっこみ苦労した者だけが、何事もなく心穏やかに暮らせることの幸せに気づき、心静かに暮らすことを心がけている者だけが、さまざまに思い悩み、欲望に踊らされて生きていることの不幸に気づくのである。

六、天の恵みを受けられる人

天地《てんち》の気《き》は暖《だん》なれば則《すなわ》ち生《しょう》じ、寒《かん》なれば則《すなわ》ち殺《さい》す。故《ゆえ》に性気《せいき》の清冷《せいれい》なる者《もの》は、受享《じゅきょう》もまた涼薄《りょうはく》なり。唯《た》だ和気熱心《わきねっしん》の人《ひと》のみ、その福《ふく》もまた厚《あつ》く、その沢《たく》もまた長《なが》し。（前集七二）

気候が温暖であれば、植物も芽を出しすくすくと育つが、寒いとたちどころに枯れてしまう。それは人も同じで、心の冷たい人には、天から受ける恵みも少なく、幸も薄い。ただ心があたたかく親切な人だけが天からの恵みも豊かで、末永く幸せに暮らせる。

受享……天から受ける幸福。

＊「孝子《こうし》の親愛《しんあい》ある者《もの》は、必《かなら》ず和気《わき》あり。和気《わき》ある者《もの》は、必《かなら》ず愉色《ゆしょく》あり。愉色《ゆしょく》ある者《もの》は、必《かなら》ず婉容《えんよう》あり」（『礼記』祭義）とある。

七、自分の本心を知るには

静中《せいちゅう》の念慮《ねんりょ》澄徹《ちょうてつ》なれば、心《こころ》の真体《しんたい》を見る。閑中《かんちゅう》の気《き》象《しょう》従容《しょうよう》なれば、心《こころ》の真機《しんき》を識《し》る。淡中《たんちゅう》の意趣《いしゅ》冲夷《ちゅうい》なれば、心《こころ》の真味《しんみ》を得《う》。心《こころ》を観《かん》じ道《みち》を証《しょう》するは、この三《さん》者《しゃ》に如《し》くはなし。（前集八七）

静かな環境の中で、何の邪念もなく冷静に考えをめぐらすことができれば、心の本当の姿が見える。くつろいだ環境の中で、気持ちがゆったりと落ち着いていれば、心の本当の働きがわかる。淡々として何ものにもとらわれない環境の中で、穏やかな気持ちでいれば、心の本当の味わいがわかる。自分の本心を知り、人としての正しい道を理解するには、この三つの方法をとるのがもっともよい。

沖夷……深く穏やか。

八、邪念を良心に変える

怒《ど》火《か》慾水《よくすい》の正《まさ》に騰沸《とうふつ》する処《ところ》に当《あ》たりて、明々《めいめい》に知得《ちとく》し、また明々《めいめい》に犯着《はんちゃく》す。知《し》る的《もの》は是《こ》れ誰《たれ》ぞ、犯《おか》す的《もの》はまた是《こ》れ誰《たれ》ぞ。此《こ》の処《ところ》能《よ》く猛然《もうぜん》として念《ねん》を転《てん》ずれば、邪魔《じゃま》

便《すなわ》ち真君《しんくん》とならん。（前集一一九）

人は、烈火のごとく怒っているときや、洪水のように抑えがたい欲望が湧き起こっているとき、ダメだと頭ではわかっているのに、その行動を犯してしまう。わかっている者とは誰なのか。またわかっていながら犯してしまうのは誰なのか。ここで忽然《こつぜん》と気づいて踏みとどまることができれば、邪念は良心に変わる。

真君……心の主宰者。良心。

九、美醜の対をなす

妍《けん》あれば、必《かなら》ず醜《しゅう》ありてこれが対《たい》をなす。我《われ》、妍《けん》に誇《ほこ》らざれば、誰《たれ》か能《よ》く我《われ》を醜《しゅう》とせん。潔《けつ》あれば、必《かなら》ず汚《お》ありてこれが仇《きゅう》をなす。我《われ》、潔《けつ》を好《この》まざれば、誰《たれ》か能《よ》く我《われ》を汚《けが》さん。（前集一三四）

美しいものがあれば、必ず醜いものがあり、対をなしている。自分から美しさを誇示しなければ、誰からも醜いとバカにされることはない。清いものがあれば、必ず汚いものがあり、対をなしている。自分から清廉潔白だと誇らなければ、誰からも汚いヤツだと非難されることはない。

妍……美しいこと。

一〇、嫉妬の感情

炎涼《えんりょう》の態《たい》は、富貴《ふうき》更《さら》に貧賤《ひんせん》よりも甚《はなはだ》しく、妬忌《とき》の心は、骨肉《こつにく》尤《もっと》も外人《がいじん》よりも很《はなはだ》し。此《こ》の処《ところ》若《も》し当《あ》たるに冷腸《れいちょう》を以《もっ》てし、御《ぎょ》するに平気《へいき》を以《もっ》てせざれば、日《ひ》に煩悩《ぼんのう》

障中《しょうちゅう》に坐《ざ》せざること鮮《すくな》からん。（前集一三五）

優しかったり冷たかったりと、人への接し方をコロコロ変えるのは、貧しい人よりも金持ちのほうが激しい。相手を妬んだり憎んだりする気持ちは、赤の他人より身内の人間のほうが激しい。この点について、常に冷静な気持ちで心穏やかに対処しなければ、日々悩み苦しむこととなり、一日として気が休まらないだろう。

冷腸……冷静な心。　**妬忌の心**……ねたみそねむ気持ち。

一一、伸びる人、伸びない人

念頭《ねんとう》の寛厚《かんこう》なる的《もの》は、春風《しゅんぷう》の煦育《くいく》するが如《ごと》く、万物《ばんぶつ》これに遭《あ》いて生《しょう》ず。念頭《ねんとう》の忌刻《きこく》なる的《もの》は、朔雪《さくせつ》の陰凝《いんぎょう》するが如《ごと》く、万物《ばんぶつ》これに遭《あ》いて死《し》す。（前集一六〇）

心が広くあたたかい人は、春風が万物を育むように、すべてのものがその影響を受け、すくすくと成長する。心が冷たく残忍な人は、北の大地の雪が万物を凍り付かせるように、すべてのものがその影響を受け、死に絶えてしまう。

煦育……温め育てる。　**忌刻**……残忍。　**陰凝**……寒さで凍りつく。

一二、人の気持ちを強くするもの

一念《いちねん》の慈祥《じしょう》は、以《もっ》て両間《りょうかん》の和気《わき》を醞醸《うんじょう》すべく、寸心《すんしん》の潔白《けっぱく》は、以《もっ》て百代《ひゃくだい》の清芬《せいふん》を昭垂《しょうすい》すべし。（前集一七七）

思いやりや慈しみの気持ちは、人の気持ちをあたたかくさせ、それがこの世の中の雰囲気までも和らげる。また、清廉潔白な心は、そのすがすがしさゆえ、後の世まで語り継がれる。

慈祥……慈善。　**醞醸**……醸す。

一三、物欲のない心は

心《こころ》に物欲《ぶつよく》なければ、即《すなわ》ち是《こ》れ秋空霽海《しゅうくうせいかい》なり。座《ざ》に琴《きん》書《しょ》あれば、便《すなわ》ち石室丹丘《せきしつたんきゅう》を成《な》す。（後集九）

心の中に物欲がなければ、心は澄みわたった秋空や雨上がりの海原のようなものだ。傍に琴と書物があれば、身は仙郷にいるようなものだ。

一四、風流な心

富貴《ふうき》を浮雲《ふうん》にするの風《ふう》ありて、而《しか》も必《かなら》ずしも岩棲穴処《がんせいけつしょ》せず。泉石《せんせき》に膏肓《こうこう》するの癖《へき》なくして、而《しか》も常《つね》に自《みず》から酒《さけ》に酔《よ》い詩《し》に耽《ふけ》る。（後集一七）

財産や地位を浮雲のようにはかないものだとみなす気持ちを持ちながら、必ずしも深い山の中で隠遁生活をするわけではない。自然の景色を愛好し、それにのめりこむほどではないが、酒を飲みながら詩を詠む風流な心を持っている。

一五、考え方ひとつ

延促《えんそく》は一念《いちねん》に由《よ》り、寛窄《かんさく》はこれを寸心《すんしん》に係《かか》く。故《ゆえ》に機閒《かん》なる者《もの》は、一日《いちにち》も千古《せんこ》より遥《はるか》に、意広《いひろ》き者《もの》は、斗室《としつ》も寛《ひろ》くして両間《りょうかん》の若《ごと》し。（後集一九）

時間を長いと思ったり短いと思ったりするのは、その人の考え方によるものだ。空間を広いと感じたり、狭いと感じたりするのも、その人の気持ちの持ち方次第である。心のゆったりとした者には、たったの一日でも千年のような長さに感じられるし、心の広い者には、狭い部屋でも天地の間のような広さに感じられる。

一六、苦も楽も心次第

山林《さんりん》は是《こ》れ勝地《しょうち》なるも、一《ひと》たび営恋《えいれん》せば、便《すなわ》ち市朝《しちょう》と成《な》る。書画《しょが》は是《こ》れ雅事《がじ》なるも、一《ひと》たび貪癡《たんち》せば、便《すなわ》ち商賈《しょうこ》と成《な》る。蓋《けだ》し心《こころ》に染着《せんちゃく》なければ、欲界《よくかい》も是《こ》れ仙《せん》都《と》なり。心《こころ》に係恋《けいれん》あれば、楽境《らくきょう》も苦海《くかい》と成《な》る。（後集三七）

山林は、俗世間から離れひっそりと住むには最適な場所であるが、ひとたび住まいの造りや設備にこだわってしまうと、町中に住むのと何ら変わらなくなる。書や絵画を鑑賞することは、優雅で高尚な趣味であるが、ひとたび夢中になって書画を買いあさってしまえば、商売人とまったく変わらなくなる。思うに、心が何ものにもとらわれなければ、俗世間もそのまま仙郷となるが、心に執着があると、楽しみの世界も一転して苦しみの世界に変わってしまうということだ。

市朝……民衆の集まる賑やかな場所。

一七、自分の本来の姿を悟る法

出世《しゅっせ》の道《みち》は、即《すなわ》ち世《よ》を渉《わた》るの中《なか》に在《あ》り、必《かなら》ずしも人《ひと》を絶《た》ちて以《もっ》て世《よ》を逃《のが》れず。了心《りょうしん》の功《こう》は、即《すなわ》ち心《こころ》を尽《つ》くすの内《うち》に在《あ》り、必《かなら》ずしも欲《よく》を絶《た》ちて以《もっ》て心《こころ》を灰《はい》にせず。

（後集四二）

俗世間を超越する道は、普通の社会生活そのものの中にあるのであって、必ずしも、人とのつき合いを一切絶って隠遁生活をする必要はない。自分の本来の姿を悟る方法は、己の心を静かに見つめる努力の中にあるのであって、必ずしも、すべての欲望を絶った無味乾燥な生活をする必要はない。

一八、疑心暗鬼

機《き》動《うご》く的《もの》は、弓影《きゅうえい》も疑《うたが》いて蛇蝎《だかつ》となし、寝石《しんせき》も視《み》て伏《ふく》虎《こ》となす。此《こ》の中《うち》、渾《すべ》て是《こ》れ殺気《さっき》なり。念《ねん》息《や》む的《もの》は、石虎《せきこ》も海鷗《かいおう》と作《な》すべく、蛙声《あせい》も鼓吹《こすい》に当《あ》つべく、触《ふ》るる処《ところ》倶《とも》に真機《しんき》を見《み》る。（後集四八）

心が動揺している者は、杯に弓の影が映るのを見ては蛇かと驚き、草むらに横たわる岩を見ては伏した虎かと見間違う。そこには、自分の目に映るものすべてが自分を攻撃してくるような錯覚がある。心が穏やかな者は、暴虐な石虎のような残忍な人間もカモメのようにおとなしくさせ、騒々しいカエルの鳴き声も美しい音楽のように聞くことができる。心が落ち着いていれば、触れるすべてのものを、ありのままにとらえることができるということだ。

石虎……後趙の三代目の皇帝。

一九、人の心はままならず

眼《め》に西晋《せいしん》の荊榛《けいしん》を看《み》て、猶《なお》白刃《はくじん》に矜《ほこ》る。身《み》は北邙《ほくぼう》の狐《こ》兎《と》に属《ぞく》して、尚《なお》黄金《おうごん》を惜《お》しむ。語《ご》に云《い》う、「猛獣《もうじゅう》は伏《ふ》

し易《やす》く、人心《じんしん》は降《くだ》し難《がた》し。谿壑《けいがく》は満《み》たし易《やす》く、人心《じんしん》は満《み》たし難《がた》し」と。信《まこと》なるかな。（後集六五）

この世の人々は、西晋が滅んで、その都の跡に雑草が生い茂っているのを見ても、なお武力を誇り戦いをやめようとしない。死ねば北邙に葬られて、狐や兎など野獣の餌になるということを知っていながら、なお世俗の利益を貪る。古語に、「猛獣を手なづけるのは易しいが、人の心を従わせるのは難しい。深い谷を土砂で埋め尽くすのは易しいが、人の心を満たすのは難しい」とある。まったくその通りである。

北邙……洛陽の北にあった墓地。

二〇、無心の心持ち

今人《こんじん》専《もっぱ》ら念《ねん》なきを求《もと》めて、而《しか》も念終《ねんつい》になかるべからず。只《た》だ是《こ》れ前念滞《ぜんねんとどこお》らず、後念迎《こうねんむか》えず、但《た》だ現在《げんざい》の随縁《ずいえん》を将《もっ》て打発《だはつ》し得去《えさ》れば、自然《しぜん》に漸々《ぜんぜん》に無《む》に入《い》らん。（後集八二）

近頃の人は、何ものにもとらわれない無心な生き方をしたいと願っているが、そう強く思えば思うほどかえって雑念が生じ、結局、無心の心持ちになれない。過去の出来事にとらわれず、未来のことをあれこれ思い悩まず、ただ今目の前で起きている物事を淡々と片づけていくことができれば、自然に少しずつ無心の境地にはいっていくことができよう。

打発し得去る……次々に片付けていく。

＊「至人《しじん》の心《こころ》を用《もち》うるは鏡《かがみ》の若《ごと》し。将《おく》らず逆《むか》えず、応《おう》じて蔵《おさ》めず。故《ゆえ》によく物《もの》に勝《た》えて傷《そこな》われず」（『荘子』応帝王篇）とある。

二一、幸と不幸の境涯

人生《じんせい》の福境《ふくきょう》禍区《かく》は、皆《みな》念想《ねんそう》より造成《ぞうせい》す。故《ゆえ》に釈氏《しゃくし》云《い》う、「利欲《りよく》に熾然《しねん》なれば、即《すなわ》ち是《こ》れ火坑《かこう》なり。貪愛《たんあい》に沈溺《ちんでき》すれば、便《すなわ》ち苦海《くかい》と為《な》る。一念清浄《いちねんしょうじょう》なれば、烈焔《れつえん》も池《いけ》と成《な》り、一念警覚《いちねんきょうかく》すれば、船彼岸《ふねひがん》に登《のぼ》る」と。念頭稍異《ねんとうややこと》なれば、境界頓《きょうかいとみ》に殊《こと》なる。慎《つつし》まざるべけんや。

（後集一〇九）

幸福も不幸も、すべて心の持ち方によって生じるものだ。釈迦も語っている。「物欲や利益に心が奪われると、その人の人生は焦熱地獄のようなものである。貪欲や執着心にとらわれると、その人生は苦しみの海のようなものだ。欲望を捨て去り、心清らかになりさえすれば、燃え盛る炎も涼しげな池に変わり、執着心から解放され、迷いから覚めさえすれば、解脱した境地に達する」と。心の持ち方次第で、幸福と不幸の境界はがらりと変わる。よく考え慎まなければならない。

福境禍区……幸と不幸の境涯。　**警覚**……迷いから覚める。

二二、とらわれをなくせば

世人《せじん》は栄利《えいり》の為《ため》に纏縛《てんばく》せられて、動《やや》もすれば塵世苦海《じんせいくかい》と曰《い》う。知《し》らず、雲白《くもしろ》く山青《やまあお》く、川行《かわゆ》き石立《いした》ち、花迎《はなむか》

え鳥《とり》咲《わら》い、谷《たに》答《こた》え樵《しょう》謳《うた》うを。世《よ》もまた塵《じん》ならず、海《うみ》もまた苦《く》ならず、彼《かれ》自《みず》から其《そ》の心《こころ》を塵苦《じんく》にするのみ。（後集一二二）

世間の人々は、名誉や金儲けにとらわれているので、とかく「世間は汚い、世の中は頭を悩まし苦しませることだらけだ」とぼやく。しかしそれは、自然の美しさを知らないからだ。雲は白く、山は青く、川はさらさらと流れ、岩はそそり立ち、野には美しい花が咲き乱れ、鳥はさえずり、谷にはこだまし、木こりは歌っているのを。この世は汚れてもいないし、苦しいことばかりが起きるわけではない。そうさせているのは、自分自身の心なのだ。

第五章

人間性の高め方

一、才能は秘めるべし

君子《くんし》の心事《しんじ》は、天青《てんあお》く日白《ひしろ》く、人《ひと》をして知《し》らざらしむべからず。君子《くんし》の才華《さいか》は、玉韞《たまつつ》み珠蔵《たまかく》し、人《ひと》をして知《し》り易《やす》からしむべからず。（前集三）

立派な人物の心ばえは、誰に対しても公明正大にして、誰が見てもそれとわかるように、己の考え方や価値観を明白にしておくべきだ。立派な人物の才能は、奥深くに隠し、容易に他人に知られないようにすべきだ。

二、自分を成長させるもの

耳中《じちゅう》、常《つね》に耳《みみ》に逆《さから》うの言《げん》を聞《き》き、心中《しんちゅう》、常《つね》に心《こころ》に払《もと》るの事《こと》ありて、纔《わずか》に是《こ》れ徳《とく》に進《すす》み行《ぎょう》を修《おさ》むるの砥石《しせき》なり。若《も》し言々《げんげん》耳《みみ》を悦《よろこ》ばし、事々《じじ》心《こころ》に快《こころよ》ければ、便《すなわ》ち此《こ》の生《せい》を把《と》って鴆毒《ちんどく》の中《なか》に埋在《まいざい》せん。（前集五）

耳に痛い忠告や小言を常に聞き、心の中に思い通りにならない物事が常にあってこそ、自分を磨き、大きく成長できるのだ。もし、お世辞や褒め言葉ばかり聞き、すべてのことが思い通りになるようであったら、人生を毒の中に沈めてしまうことになる。

三、達人とは即ち

醲《じょう》肥《ひ》辛甘《しんかん》は真味《しんみ》にあらず。真味《しんみ》は只《た》だ是《こ》れ淡《たん》なり。神奇卓異《しんきたくい》は至人《しじん》にあらず、至人《しじん》は只《た》だ是《こ》れ常《じょう》なり。（前集七）

濃い酒や脂ののった肉、辛いものや甘いものなど、濃厚な味のものはすべて本物の味ではない。本物の味というのは、あっさりとしているものだ。人間も人並み外れた素晴らしい才能の持ち主は、その道を極めた達人とは言えない。達人とは、ごく普通の平凡な人である。

＊「至人」とは道を極めた達人のこと。荘子に「至人《しじん》は己《おの》れなし。神人《しんじん》は功《こう》なし。聖人《せいじん》は名《な》なし」（『荘子』内篇　逍遥遊）とある。

四、分を越えず

寵利《ちょうり》は人前《じんぜん》に居《お》ることなかれ、徳業《とくぎょう》は人後《じんご》に落《お》つることなかれ。受享《じゅきょう》は分外《ぶんがい》に踰《こ》ゆることなかれ、修為《しゅうい》は分中《ぶんちゅう》に減《げん》ずることなかれ。（前集一六）

恩恵や利益に、人より先に飛びついてはならない。世のため人のためになる事業や道徳的な行いについては、人に率先して行い、遅れをとってはならない。報酬を受けるときは、分をわきまえ、一定の限度を超えてはならない。自らの能力や人間性を磨くためには、できる限り努力しなければならない。

五、功績を語らず

世《よ》を蓋《おお》うの功労《こうろう》も、一個《いっこ》の矜《きょう》の字《じ》に当《あ》たり得《え》ず。天《てん》に弥《わた》るの罪過《ざいか》も、一個《いっこ》の悔《かい》の字《じ》に当《あ》たり得《え》ず。（前集一八）

世に知れ渡るような素晴らしい功績を収めても、それを鼻にかけたりすれば、せっかくの功績もまったく値打ちがなくなってしまう。天下にとどろくような大罪を犯しても、心底から悔い改め反省をしながら生きていけば、罪悪もやがては消えてしまう。

世を蓋うの功労……世の中を覆い尽くすほどの大きな手柄。

六、修養の妨げになるもの

利欲《りよく》は未《いま》だ尽《ことごと》くは心《こころ》を害《がい》せざれども、意見《いけん》は乃《すなわ》ち心《こころ》を害《がい》するの蟊賊《ぼうぞく》なり。声色《せいしょく》は未《いま》だ必《かなら》ずしも道《みち》を障《ささ》えざれども、聡明《そうめい》は乃《すなわ》ち道《みち》を障《ささ》うるの藩屏《はんぺい》なり。（前集三四）

利益や欲望を追求する心は、必ずしも本心を害するものではないが、それよりも本心を蝕むのは、我を張って他人の意見に耳を貸さないことである。男女間の愛欲は、必ずしも修養の妨げにはならないが、それよりも障害になるのは、詳しく知りもしないのに、知ったかぶりをすることである。

蠹賊……害虫。　藩屏　垣根。障害物の意。

七、道を究めるには

身《み》を立《た》つるに一歩《いっぽ》を高《たか》くして立《た》たざれば、塵裡《じんり》に衣《い》を振《ふる》い、泥中《でいちゅう》に足《あし》を濯《あら》うが如《ごと》し。如何《いかん》ぞ超達《ちょうたつ》せん。世《よ》に処《しょ》するに一歩《いっぽ》を退《しりぞ》いて処《お》らざれば、飛蛾《ひが》の燭《しょく》に投《とう》じ、

羝羊《ていよう》の藩《まがき》に触《ふ》るるが如《ごと》し。如何《いかん》ぞ安楽《あんらく》ならん。（前集四三）

自分を向上させたいと思えば、人よりも一歩高いところに立たなければ、ほこりの中で服の汚れを払い、泥の中で足を洗うようなものだ。これでは、どうして世間を超越し道を究められようか。この世の中で生きていくためには、相手に一歩譲るくらいがちょうどいい。ただ突き進むばかりでは、炎に飛び込む蛾や垣根に角をとられた羊のように、身動きがとれず窮地に陥ってしまう。これでは、どうして安心して生活などできようか。

飛蛾の燭に投じ……自らを危機に投ずる喩え。

八、欲望の虜になるな

徳《とく》に進《すす》み道《みち》を修《おさ》むるには、個《こ》の木石《ぼくせき》の念頭《ねんとう》を要《よう》す。若《も》し一《ひと》たび欣羨《きんせん》あれば、便《すなわ》ち欲境《よくきょう》に趨《おもむ》かん。世《よ》を済《すく》い邦《くに》を経《けい》するには、段《だん》の雲水《うんすい》の趣味《しゅみ》を要《よう》す。若《も》し一《ひと》たび貪《とん》着《じゃく》あれば、便《すなわ》ち危機《きき》に堕《お》ちん。（前集四六）

修養により人格に磨きをかけたいと思えば、木石のように、富や名誉に溺れない無欲な心が必要だ。もし一度でもそれに憧れたり、その誘惑に負けたりしてしまうと、たちまち欲望にとりつかれてしまうからだ。政治家を志し、国のため、国民のために力を尽くしたいと思うのであれば、行雲流水のように、何ものにもとらわれない無心の趣が必要だ。もし一度でも富や名誉に執着してしまうと、たちまちその欲望の虜となり、堕落してしまうからだ。

欣羨……喜び羨む。　**雲水**……無心の境地。

九、人目につかぬ所で

肝《かん》、病《やまい》を受《う》くれば則《すなわ》ち目視《めみ》ること能《あた》わず。腎《じん》、病《やまい》を受《う》くれば、耳聴《みみき》くこと能《あた》わず。病《やまい》は人《ひと》の見《み》ざる所《ところ》に受《う》け

て、必《かなら》ず人《ひと》の共《とも》に見《み》る所《ところ》に発《はっ》す。故《ゆえ》に君子《くんし》は罪《つみ》を昭々《しょうしょう》に得《う》ることなきを欲《ほっ》せば、先《ま》ず罪《つみ》を冥々《めいめい》に得《う》ることなかれ。（前集四八）

肝臓が病気になると目が見えなくなり、腎臓が病気になると、耳が聞こえなくなる。このように、病気というのは、人の目につかない体の内部で発症し、やがてその症状が表に出てくるものだ。したがって、君子たる者は、人前で罪が露見し批判の目にさらされたくないと思ったら、まず人目につかない所で、過ちを犯さないように心がけねばならない。

昭々……顕著に目立つさま。　**冥々**……暗く見えないさま。

一〇、未熟者の性

真廉《しんれん》は廉名《れんめい》なし。名《な》を立《た》つる者《もの》は、正《まさ》に貪《たん》となす所以《ゆえん》なり。大巧《たいこう》は巧術《こうじゅつ》なし。術《じゅつ》を用《もち》うる者《もの》は、乃《すなわ》ち拙《せつ》となす所以《ゆえん》なり。（前集六二）

本当に清廉潔白な人には、清廉だというような評判は立たない。評判が立つのは、自分で清廉を売り物にする自己顕示欲の強い人だ。本当に素晴らしい技術を身につけている人は、それを見せびらかすようなことはしない。技術を人前でひけらかす人は、まだまだ未熟者である。

一一、水清ければ魚棲まず

地《ち》の穢《けが》れたるものは、多《おお》く物《もの》を生《しょう》じ、水《みず》の清《す》めるものは常《つね》に魚《うお》なし。故《ゆえ》に君子《くんし》は、当《まさ》に垢《こう》を含《ふく》み汚《お》を納《い》るるの量《りょう》を存《そん》すべく、潔《けつ》を好《この》み独《ひと》り行《おこ》なうの操《そう》を持《じ》すべからず。（前集七六）

汚い肥やしを撒いた畑には多くの作物が育ち、綺麗すぎる水には魚は棲まない。そこで君子たる者は、清濁合わせ飲む度量の大きさが必要であり、潔癖に固執して世俗から独り超越するという志を持つべきではない。

二一、一人の時間をどう過ごすか

閒中《かんちゅう》に放過《ほうか》せざれば、忙処《ぼうしょ》に受用《じゅよう》あり。静中《せいちゅう》に落空《らくくう》せざれば、動処《どうしょ》に受用《じゅよう》あり。暗中《あんちゅう》に欺隠《きいん》せざれば、明《めい》処《しょ》に受用《じゅよう》あり。（前集八五）

暇なときでも、ただぼんやりと過ごさないようにすれば、多忙なときにそれが役に立つ。休みのときでも時間を無駄にしなければ、活動するときにそれが役に立つ。人目につかないところでも、道徳に反しない行動をとれば、人前に出たときにそれが役に立つ。

一三、始末の悪いもの

君子《くんし》にして善《ぜん》を許《いつわ》るは、小人《しょうじん》の悪《あく》を肆《ほしいまま》にするに異《こと》なることなし。君子《くんし》にして、節《せつ》を改《あらた》むるは、小人《しょうじん》の自《みず》から新《あら》たにするに及《およ》ばず。（前集九五）

人格者といわれる君子でありながら偽善を働くのは、とるに足りない小人が、やりたい放題悪事を働くのとなんら変わらない。君子たるべき者が、人としての道を外れ変節するのは、小人が反省して悪事から足を洗うことに比べて、はるかに始末がわるい。

一四、自分を飾らず

文章《ぶんしょう》は極処《きょくしょ》に做《な》し到《いた》れば、他《た》の奇《き》あることなく、只《た》だ是《こ》れ恰好《かっこう》のみ。人品《じんぴん》は極処《きょくしょ》に做《な》し到《いた》れば、他《た》の異《い》あることなく、只《た》だ是《こ》れ本然《ほんねん》のみ。（前集一〇二）

完成度の高い文章とは、奇抜で凝った表現をしているわけではなく、ただ言わんとすることが一読してすっと心に入ってくるような表現をしているだけである。人格的に素晴らしい人というのは、普通の人と比べて特に変わったところがあるわけではなく、ただ、自分を飾らず、ありのまま生きているだけである。

一五、君子の振る舞い

士君子《しくんし》、身《み》を持《じ》するは軽《かる》くすべからず、軽《かる》くすれば則《すなわ》ち物能《ものよ》く我《われ》を撓《たわ》めて、悠閒鎮定《ゆうかんちんてい》の趣《おもむき》なし。意《い》を用《もち》うるは重《おも》くすべからず、重《おも》くすれば則《すなわ》ち我物《われもの》のために泥《なず》みて、瀟洒活潑《しょうしゃかっぱつ》の機《き》なし。（前集一〇六）

人の上に立つ人間は、軽々しく振る舞ってはならない。軽薄な行動をすると、周りに振り回されて、ゆったりと落ち着いた風格を失うからである。自分の考えや思いに固執してはならない。執着すると、柔軟な発想ができなくなったり、きびきびした行動がとれなくなったりするからだ。

一六、正義に従う

公平正論《こうへいせいろん》には、手《て》を犯《おか》すべからず。一《ひと》たび犯《おか》せば則《すなわ》ち羞《はじ》を万世《ばんせい》に貽《のこ》す。権門私竇《けんもんしとう》には、脚《あし》を着《つ》くべからず。一《ひと》たび着《つ》くれば、則《すなわ》ち終身《しゅうしん》を点汚《てんお》す。（前集一一一）

公平な意見や正当な議論に反対してはならない。一度でも、そうした正義に反することをすれば、末代までの恥となる。権勢を誇り、私腹を肥やす人たちのたまり場に近づいてはならない。一度でも足を踏み入れたが最後、生涯の汚点となる。

手を犯す……反対する。

一七、小事をゆるがせにせず

小処《しょうしょ》に滲漏《しんろう》せず、暗中《あんちゅう》に欺隠《ぎいん》せず、末路《まつろ》に怠荒《たいこう》せず。纔《わずか》に是《こ》れ個《こ》の真正《しんせい》の英雄《えいゆう》なり。（前集一一四）

小さなことにも手を抜かない。人目のないところでも悪いことをしない。失意のどん底でも決して投げやりにならない。このようであってこそ、立派な人物といえる。

滲漏……てぬかり。

一八、自分を見失わず

偏信《へんしん》して奸《かん》の欺《あざむ》く所《ところ》と為《な》ることなかれ、自任《じにん》して気《き》の使《つか》う所《ところ》と為《な》ることなかれ。己《おのれ》の長《ちょう》を以《もっ》て人《ひと》の短《たん》を形《あらわ》すことなかれ、己《おのれ》の拙《せつ》に因《よ》りて人《ひと》の能《のう》を忌《い》むことなかれ。

（前集一二〇）

一方の意見だけを鵜呑みにして、腹黒い人間にだまされてはならない。自信過剰になって、勇み足になってはならない。自分の長所を吹聴し、他人の短所を暴き出すようなことをしてはならない。自分が無能だからといって、他人の才能を妬むようなことをしてはならない。

一九、猜疑心を持たない

人《ひと》を害《がい》するの心《こころ》は有《あ》るべからず、人《ひと》を防《ふせ》ぐの心《こころ》は無《な》かるべからず、と。此《こ》れ慮《おもんぱか》るに疎《うと》きを戒《いまし》むるなり。寧《むし》ろ人《ひと》の欺《あざむ》きを受《う》くるも、人《ひと》の詐《いつわり》を逆《むか》うることなかれ、と。此《こ》れ察《さつ》に傷《やぶ》るるを警《いまし》むるなり。二語《にご》並《なら》び存《そん》すれば、精明《せいめい》にして渾厚《こんこう》ならん。（前集一二九）

「人を陥れてはいけないが、人から陥れられないように警戒する必要はある」。これは、思慮の足りない人を戒めた言葉である。「最初から人を疑い騙されまいと神経をとがらせるよりは、甘んじて人から騙されるほうがましだ」。これは、先を読みすぎて失敗する人を戒めた言葉である。この二つの言葉を念頭に置いて実践できれば、確かな判断力と円満な人格を兼ね備えることができよう。

察に傷る……先が見えすぎるが故に、かえって失敗する。

二〇、人格は才能の主人

徳《とく》は才《さい》の主《しゅ》にして、才《さい》は徳《とく》の奴《ど》なり。才《さい》ありて徳《とく》なき

は、家《いえ》に主《しゅ》なくして奴《ど》の事《こと》を用《もち》うるが如《ごと》し。幾何《いくばく》か魍《もう》魎《りょう》にして猖狂《しょうきょう》せざらん。（前集一三九）

人格は才能の主人であり、才能は人格の召使いである。才能が豊かでも人格が劣っていれば、主人のいない家で使用人が好き勝手に振る舞っているようなものだ。これでは、もののけが暴れまわり、家の中が混乱し崩壊してしまう。

猖狂……猛り狂う。

二、人格者の一言

士君子《しくんし》は貧《ひん》にして物《もの》を済《すく》うこと能《あた》わざる者《もの》なるも、人《ひと》の癡迷《ちめい》の処《ところ》に遇《あ》いては、一言《いちげん》を出《い》だしてこれを提醒《ていせい》し、人《ひと》の急難《きゅうなん》の処《ところ》に遇《あ》いては、一言《いちげん》を出《い》だしてこれを解救《かいきゅう》す。また是《こ》れ無量《むりょう》の功徳《くどく》なり。（前集一四二）

人格者は、とかく貧乏であり物質面で人を救うことができないが、悩み困っている人に出会えば、たった一言で、彼らを悩みや苦しみから救うことができる。これもまた大きな善行である。

提醒……注意喚起して迷いを覚ます。

＊無量の功徳……「無量」とは計り知れないという意味。「功徳」とは断食や祈祷のような善行を指し、仏教を想起させる。

＊「善言《ぜんげん》を与《あた》うるは、布帛《ふはく》よりも煖《あたた》かなり」（『荀子』栄辱篇）とある。

二二、度量を大きくするには

徳《とく》は量《りょう》に随《したが》って進《すす》み、量《りょう》は識《しき》に由《よ》って長《ちょう》ず。故《ゆえ》に其《そ》の徳《とく》を厚《あつ》くせんと欲《ほっ》すれば、其《そ》の量《りょう》を弘《ひろ》くせざるべからず。其《そ》の量《りょう》を弘《ひろ》くせんと欲《ほっ》すれば、其《そ》の識《しき》を大《だい》にせざるべからず。（前集一四四）

徳は人を受け入れる度量が大きくなるにつれ高まり、度量は、見識が深まるにつれ大きくなる。したがって、徳を高めようと思うなら、度量を大きくし、度量を大きくしようと思うなら、見識を深めなければならない。

量……心の広さ。

二三、失敗を生かせる人

己《おの》れを反《かえり》みる者《もの》は、事《こと》に触《ふ》れて皆薬石《みなやくせき》と成《な》り、人《ひと》を尤《とが》むる者《もの》は、念《ねん》を動《うご》かせば即《すなわ》ち是《こ》れ戈矛《かぼう》なり。一《いち》は以《もっ》て衆善《しゅうぜん》の路《みち》を闢《ひら》き、一《いち》は以《もっ》て諸悪《しょあく》の源《みなもと》を濬《ふか》くす。相去《あいさ》ること霄壌《しょうじょう》なり。（前集一四六）

素直に反省する者は、あらゆる経験や体験をすべて自分磨きの良薬にできる。人に責任を転嫁する者は、考えることがそっくり自分を傷つける矛となる。謙虚に反省し、そこから学ぶことのできる者は、善き人間に成長できるが、無責任で自分の言動を反省しない者は、悪い方向へ深く進んでいく。両者の人生には雲泥の差ができる。

霄壌……天地ほどに、大きな隔たりのあることのたとえ。

＊「過《あやま》ちては則《すなわ》ち改《あらた》むるに憚《はばか》る勿《なか》れ」（『論語』学而）とある。

二四、後世まで生き続けるもの

事業文章《じぎょうぶんしょう》は身《み》に随《したが》って銷毀《しょうき》すれども、精神《せいしん》は万古《ばんこ》に新《あら》たなるが如《ごと》し。功名富貴《こうみょうふうき》は世《よ》を逐《お》うて転移《てんい》すれども、

気節《きせつ》は千載《せんざい》に一日《いちにち》なり。君子《くんし》は信《まこと》に当《まさ》に彼《かれ》を以《もっ》て此《これ》に易《か》うべからざるなり。（前集一四七）

事業や学問でどんなに大きな功績を残しても、その人が死んでしまえば消滅してしまうが、人間の精神は、日々新しい生命を吹き込まれながら永遠に生き続ける。名誉や財産は、時代とともに移り変わるが、人間の信念や志は、後の世までずっと称え続けられるものである。君子たる者は、功績や財産、地位や名誉に心を奪われ、自らの信念や志を曲げるような愚かなことをしてはならない。

二五、事業発展の礎

徳《とく》は事業《じぎょう》の基《もとい》なり。未《いま》だ基《もとい》の固《かた》からずして、棟宇《とうう》の堅《けん》久《きゅう》なるものはあらず。心《こころ》は後裔《こうえい》の根《ね》なり。未《いま》だ根《ね》の植《た》たずして、枝葉《しよう》の栄茂《えいも》するものはあらず。（前集一五六）

人格は事業を発展させるための基礎である。基礎がしっかりできていない建物が長持ちするためしはない。心は子孫を繁栄させる根になるものである。大地にしっかりと根を張っていない樹木に、枝葉が生い茂るためしはない。

＊「徳《とく》は本《もと》なり。財《ざい》は末《すえ》なり」（『大学』傳十章）とある。

二六、善因善果、悪因悪果

善《ぜん》を為《な》して其《そ》の益《えき》を見《み》ざるも、草裡《そうり》の東瓜《とうか》の如《ごと》く、自《おのず》から応《まさ》に暗《あん》に長《ちょう》ずべし。悪《あく》を為《な》して其《そ》の損《そん》を見《み》ざるも、庭前《ていぜん》の春雪《しゅんせつ》の如《ごと》く、当《まさ》に必《かなら》ず潜《ひそか》に消《き》ゆべし。（前集一六一）

善いことをして、目に見える形でその成果が出ていなくても、草むらに隠れ知らぬ間に実を結ぶ瓜のように、気づかないところできちんと実を結んでいるものだ。悪いことをして、そのむくいが目に見えなくても、春先に庭に積もった雪のように、悪行で得た利益や成果はたちまち消えてしまうものだ。

＊「陰徳《いんとく》ある者《もの》は必《かなら》ず陽報《ようほう》あり。陰行《いんこう》ある者《もの》は必《かなら》ず昭名《しょうめい》あり」（『淮南子』人間訓）とある。「天網恢恢《てんもうかいかい》、疎《そ》にして而《しか》も失《うしな》わず」（『老子』七十三章）ということである。

二七、勤勉と倹約の本意

勤《きん》は徳義《とくぎ》に敏《さと》し、而《しか》るに世人《せじん》は勤《きん》を借《か》りて以《もっ》て其《そ》の貧《ひん》を済《すく》う。倹《けん》は貨利《かり》に淡《あわ》し、而《しか》るに世人《せじん》は倹《けん》を仮《か》りて以《もっ》てその吝《りん》を飾《かざ》る。君子《くんし》身《み》を持《じ》するの符《ふ》は、反《かえ》って小人《しょうじん》

私《し》を営《いとな》むの具《ぐ》と為《な》れり。惜《お》しい哉《かな》。（前集一六三）

勤勉とは本来、道徳の実践に励むという意味なのだが、世の人は生活のために仕事に励むことだと勘違いしている。倹約とは本来、お金に関心が薄いという意味なのだが、世の人はケチを正当化するための口実として使っている。この二つは、君子が人間性の向上のために日々実践すべき守り札であるが、かえって、小人が私利私欲を追求する道具になってしまっている。これは非常に残念なことだ。

二八、要職にある者の態度

士君子《しくんし》、権門要路《けんもんようろ》に処《お》れば、操履《そうり》は厳明《げんめい》なるを要《よう》し、心気《しんき》は和易《わい》なるを要《よう》す。少《すこ》しも随《したが》いて腥羶《せいせん》の党《とう》に近《ちか》づくことなく、また過激《かげき》にして蜂蠆《ほうたい》の毒《どく》を犯《おか》すことなかれ。（前集一七四）

君子たる者が権力のある要職に登用されたときには、発言は公明正大に、態度は公平公正を貫き、しかも心は穏やかに保ち親しみやすい態度をとるべきだ。権力や利益にばかり執着している輩に近づかず、極端なことをして、つまらない者の恨みを買ってはならない。

＊孟子は「仲尼《ちゅうじ》は甚《はなはだ》しきを為《な》さざる者《もの》なり」（『孟子』離婁下）といい、孔子は中庸の徳を重んじ、何事についても極端なことをしなかった人だとしている。

二九、安全に世を渡る極意

節義《せつぎ》を標《ひょう》する者《もの》は、必《かなら》ず節義《せつぎ》を以《もっ》て謗《そしり》を受《う》け、道学《どうがく》を榜《ぼう》する者《もの》は、常《つね》に道学《どうがく》に因《よ》って尤《とがめ》を招《まね》く。故《ゆえ》に君子《くんし》は悪事《あくじ》に近《ちか》づかず、また善名《ぜんめい》を立《た》てず、只《た》だ渾然《こんぜん》たる和《わ》

気《き》のみ、纔《わずか》に是《こ》れ身《み》を居《お》くの珍《ちん》なり。（前集一七五）

主義主張を振りかざす者は、必ずその主義主張を理由に批判され、道徳を振りかざす者は、必ずその道徳を理由に誹謗中傷される。だから、君子たる者は、悪に近づかず、良い評判や名声とは無縁に、ひたすら円満に穏やかな気持ちで生きるべきだ。それでこそ、安全に世の中を渡ることができる。

三〇、嘘つきや乱暴者への処し方

欺詐《ぎさ》の人《ひと》に遇《あ》わば、誠心《せいしん》を以《もっ》てこれを感動《かんどう》し、暴戻《ぼうれい》の人《ひと》に遇《あ》わば、和気《わき》を以《もっ》てこれを薫蒸《くんじょう》し、傾邪私曲《けいじゃしきょく》の人《ひと》に遇《あ》わば、名義気節《めいぎきせつ》を以《もっ》てこれを激礪《げきれい》す。天下《てんか》、我《わ》が陶冶《とうや》の中《なか》に入《い》らざることなし。(前集一七六)

嘘つきに対しては、真心を持って接することで心を動かし、乱暴者に対しては、穏やかな態度で接することで改心させ、よこしまな人間に対しては、人としての正しい道を教え諭すことで、励まし立ち直らせる。このように心がければ、世の中のすべての人を正しい道に導くことができる。

三一、失ってはならぬもの

功業《こうぎょう》に誇逞《こてい》し、文章《ぶんしょう》を炫燿《げんよう》するは、皆《みな》是《こ》れ外物《がいぶつ》に靠《よ》りて人《ひと》と做《な》るなり。知《し》らず、心体《しんたい》瑩然《えいぜん》として、本来《ほんらい》失《うしな》わざれば、即《すなわ》ち寸功隻字《すんこうせきじ》なきも、また自《おのず》から堂々《どうどう》正々《せいせい》、人《ひと》と做《な》るの処《ところ》あるを。（前集一八〇）

自分の功績を誇り、学問をひけらかす者は、人間としての価値が外面にあると信じて生きている。このような人たちは、輝く珠のような誠実な心を失わなければ、たとえ功績や学問がなくても、正々堂々たる立派な人間として生きていけることを知らないのだ。

三一、恕の精神

富貴《ふうき》の地《ち》に処《しょ》しては、貧賤《ひんせん》の痛癢《つうよう》を知《し》らんことを要す。少壮《しょうそう》の時《とき》に当《あ》たりては、須《すべか》らく衰老《すいろう》の辛酸《しんさん》を念《おも》うべし。

（前集一八四）

社会的な地位もあり、金銭的にも恵まれた何不自由ない暮らしをしているときに、地位も財産もない貧しい人たちの苦しみを理解してやらなければならない。肉体的に若くて元気なときに、年老いて体力も衰えた人のつらさを思いやらなければならない。

痛癢……苦痛。

三三、包容力

身《み》を持《じ》するは、太《はなは》だ皎潔《こうけつ》なるべからず。一切《いっさい》の汚辱垢《おじょくこう》穢《あい》をも、茹納《じょのう》し得《え》んことを要《よう》す。人に与《くみ》するは、太《はなは》だ分明《ふんめい》なるべからず。一切《いっさい》の善悪賢愚《ぜんあくけんぐ》をも、包容《ほうよう》し得《え》んことを要《よう》す。（前集一八五）

上手に世を渡っていくには、あまり潔癖過ぎてはならない。汚れや穢れをも、すべて飲み込むだけの度量が必要だ。人とつき合う際には、あまり好き嫌いの感情を表に出してはならない。世の中には善人や悪人、賢人や愚人などさまざまな人がいるが、そのすべてを受け入れるだけの包容力が必要だ。

三四、丹精する

磨礪《まれい》は当《まさ》に百煉《ひゃくれん》の金《きん》の如《ごと》くすべし、急就《きゅうしゅう》の者《もの》は邃養《すいよう》にあらず。施為《しい》は宜《よろ》しく千鈞《せんきん》の弩《ど》に似《に》たるべし、軽発《けいはつ》の者《もの》は宏功《こうこう》なし。（前集一八八）

自分自身を磨きあげる作業は、繰り返し練り鍛える金の精錬と同じように、じっくりと時間をかけて行わなければならない。早く成し遂げようとすると、どうしても底が浅くなる。事業を行うなら、重くて強靭な弓矢を放つときのように、慎重を期すべきである。軽々しく始めてしまうと、大きな成果は得られない。

磨礪……磨き研ぐ。

邃養……深い修養。

施為……事業。

三五、中途半端が始末に悪い

至人《しじん》は何《なに》をか思《おも》い何《なに》をか慮《おもんぱか》らん、愚人《ぐじん》は不識不知《ふしきふち》なり。与《とも》に学《がく》を論《ろん》ずべく、また与《とも》に功《こう》を建《た》つべし。唯《た》だ中才《ちゅうさい》の人《ひと》のみ、一番《いちばん》の思慮知識《しりょちしき》多《おお》ければ、便《すなわ》ち一番《いちばん》の

億度《おくたく》猜疑《さいぎ》多《おお》く、事々《じじ》与《とも》に手《て》を下《くだ》し難《がた》し。（前集二一六）

道を悟った達人は、心の中に何のわだかまりも患いもない。愚かな人間は、何の知識も知恵もない。こういう人たちとは、一緒に学んだり仕事をしたりできる。ただ、中途半端な知識人だけは、なまじ知識を持っているがゆえに、憶測や疑惑に縛られてしまいがちだ。こういう人とは何事につけても協力して事をなし得るのは難しい。

億度……推し量る。

三六、口と意識を制御せよ

口《くち》は乃《すなわ》ち心《こころ》の門《もん》なり。口《くち》を守《まも》ること密《みつ》ならざれば、真《しん》機《き》を洩《もら》し尽《つ》くす。意《い》は乃《すなわ》ち心《こころ》の足《あし》なり。意《い》を防《ふせ》ぐこと厳《げん》ならざれば、邪蹊《じゃけい》を走《はし》り尽《つ》くす。（前集二二七）

口は心の門である。しっかりと口を慎まなければ、心の中の機密がすっかり外にもれてしまう。意識は心の足である。これを厳しく取り締まらないと、たちまち悪い方向へ暴走してしまう。

＊仏教には「四悪《しあく》」（妄語《もうご》、綺語《きご》、悪口《あっこう》、両舌《りょうぜつ》）という教えがあり、言わなくてもよいことを不用意に口にすることを戒めている。

三七、君子の処し方

君子《くんし》は患難《かんなん》に処《しょ》して憂《うれ》えず、宴遊《えんゆう》に当《あ》たりて惕慮《てきりょ》す。権豪《けんごう》に遇《あ》いて懼《おそ》れず、惸独《けいどく》に対《たい》して心《こころ》を驚《おどろ》かす。（前集二二〇）

君子たる者は、苦境に陥っても、困難に直面してもくよくよと心配しないが、酒の席では、羽目をはずさないようにと言動を慎む。権力者と出会っても、媚びずに毅然とした態度を取るが、貧しく身寄りのない人に対しては、同情しいたわりの気持ちを持って接する。

三八、真髄に迫る

人《ひと》は有字《ゆうじ》の書《しょ》を読《よ》むを解《かい》して、無字《むじ》の書《しょ》を読《よ》むを解《かい》せず。有絃《ゆうげん》の琴《きん》を弾《だん》ずるを知《し》りて、無絃《むげん》の琴《きん》を弾《だん》ずるを知《し》らず。迹《あと》を以《もっ》て用《もち》いて、神《しん》を以《もっ》て用《もち》いず、何《なに》を以《もっ》てか琴書《きんしょ》の趣《おもむき》を得《え》ん。（後集八）

人は、文字を使って書かれた書物を読み理解することはできるが、文字で書かれていない書物、すなわち森羅万象の真理を読み取り理解することができない。弦の張られた琴を弾くことはできるが、弦のない琴、すなわち自然界の音楽を理解することはできない。形あるものにのみ囚われ、その精神を理解しようとしなければ物事の真髄に迫ることはできない。

＊「之《これ》を聴《き》くに耳《みみ》を以《もっ》てするなくして、之《これ》を聴《き》くに心《こころ》を以《もっ》てせよ」（『荘子』内篇　人間世）とある。

三九、平素の鍛錬

忙処《ぼうしょ》に性《せい》を乱《みだ》さざらんとせば、須《すべか》らく閒処《かんしょ》に心神《しんしん》を養《やしな》い得《え》て清《きよ》かるべし。死時《しじ》に心《こころ》を動《うご》かさざらんとせば、須《すべか》らく生時《せいじ》に事物《じぶつ》を看得《みえ》て破《やぶ》るべし。（後集二六）

四〇、心の工夫

山林泉石《さんりんせんせき》の間《かん》に徜徉《しょうよう》して、塵心《じんしん》漸《ようや》く息《や》み、詩書図画《ししょずが》

忙しいときに、焦って動揺したくないと思うなら、時間があるときに、しっかりと精神を鍛錬しておかなければならない。死に際になって、取り乱したくないと思うなら、常日頃から物事の本質や道理を見極めておかなければならない。

閒処……肉体的にひまなこと。

の内《うち》に夷猶《いゆう》して、俗気《ぞくき》潜《ひそか》に消《き》ゆ。故《ゆえ》に君子《くんし》は、物《もの》を玩《もてあそ》びて志《こころざし》を喪《うしな》わずと雖《いえど》も、また常《つね》に境《きょう》を借《か》りて心《こころ》を調《ととの》う。（後集四五）

深い山間や泉のほとりを歩いていると、俗世間の悪い慣習やしきたりに染まった心も徐々に洗い清められる。また、詩や書、絵画などをゆっくりと楽しんで鑑賞していると、身に染みついた俗世間の悪臭も知らぬ間に消え去る。君子たる者は、趣味に心を奪われて、本来の志や信念を見失ってはならないが、反面、俗世間の空気に染まらないよう、意識して環境を整え、心のバランスを取るよう心掛けるがよい。

夷猶……ゆっくり遊ぶ。

＊李白は「余《わ》れに問《と》う、何事《なにごと》か碧山《へきざん》に栖《す》むと。笑《わら》って答《こた》えず、心自《こころおのずか》ら閑《かん》なり」（山中答俗人）と詠っている。

四一、浅薄な学問

花《はな》を栽《う》え竹《たけ》を種《う》え、鶴《つる》を玩《もてあそ》び魚《うお》を観《み》るも、また段《だん》の自得《じとく》の処《ところ》あるを要《よう》す。若《も》し徒《いたずら》に光景《こうけい》に留連《りゅうれん》し、物華《ぶっか》を玩弄《がんろう》せば、また吾《わ》が儒《じゅ》の口耳《こうじ》、釈氏《しゃくし》の頑空《がんくう》のみ。何《なん》

の佳趣《かしゅ》あらん。（後集一二五）

花や竹を育てたり、鶴と遊び魚を鑑賞するような生活もいいが、そうした中でも、何かしら感じたり気づいたりすることがなければならない。ただ漫然と見て楽しみ、風景をもてあそぶだけというのでは、わが儒者が言うところの「聞きかじりの学問」であり、仏教で言うところの「現象だけを見て実体を見ない」ことに他ならない。これでは、何の趣があろう。

留連……心がひかれて去り難い。　**物華**……美しい景色。風景。

＊聞きかじりの浅薄な学問は、称して「口耳四寸《こうじしすん》の学《がく》」という。「口耳《こうじ》の間《あいだ》は、則《すなわ》ち四寸《しすん》のみ。曷《なん》ぞ以《もっ》て七尺《しちしゃく》の軀《み》を美《び》にするに足《た》らんや」（『荀子』勧学篇）とある。

四二、事の外に立つ

波浪《はろう》の天《てん》を兼《か》ぬるや、舟中《しゅうちゅう》、懼《おそ》るるを知《し》らずして、舟《しゅう》外《がい》の者《もの》、心《こころ》を寒《さむ》くす。猖狂《しょうきょう》の座《ざ》を罵《ののし》るや、席上《せきじょう》、警《いまし》むるを知《し》らずして、席外《せきがい》の者《もの》、舌《した》を咋《か》む。故《ゆえ》に君子《くんし》は、身《み》は事中《じちゅう》に在《あ》りと雖《いえど》も、心《こころ》は事外《じがい》に超《こ》えんことを要《よう》するなり。（後集一三二）

激しい波が荒れ狂う海の中でも、舟に乗っている人はその恐ろしさに気づかないが、かえって陸で見ている人が、恐怖で震え上がっている。酔っぱらった人が宴席で怒鳴り散らしていても、同席している人たちは案外と平気な顔をしているが、はたから見ている人が、かえって苦々しく思っている。だから、君子たる者は物事の渦中にいても、心はその場から切り離し、冷静な判断ができるようにしておかなければならない。

第六章

人生を楽しむ秘訣

一、家庭の中の仏様

家庭《かてい》に個《こ》の真仏《しんぶつ》あり、日用《にちよう》に種《しゅ》の真道《しんどう》あり。人能《ひとよ》く誠《せい》心和気《しんわき》、愉色婉言《ゆしょくえんげん》もて、父母兄弟《ふぼけいてい》の間《かん》をして、形骸《けいがい》両《ふた》つながら釈《と》け、意気交《いきこもご》も流《なが》れしめば、調息観心《ちょうそくかんしん》に勝《まさ》ること万倍《まんばい》なり。（前集二一）

家庭の中には、まことの仏様がおり、普段の生活の中にまことの道がある。家庭に嘘偽りがなく、和気藹々《わきあいあい》とした雰囲気があり、家族がいつも笑顔でなごやかに語り合い、家族の間に壁もできず、お互い心が通じ合う。これは気功をしたり座禅を組んだりするより万倍もまさっている。

調息観心……「調息」とは呼吸を整えることで、道士の養生法をいう。「観心」とは内心を見つめることで、仏者の坐禅をいう。

＊「父子篤《ふしあつ》く、兄弟睦《けいていむつ》まじく、夫婦和《ふうふわ》するは、家《いえ》の肥《こ》えたるなり」（『礼記』礼運篇）とある。

二、度を越すと美徳でなくなる

憂勤《ゆうきん》は是《こ》れ美徳《びとく》なれども、太《はなは》だ苦《くる》しめば則《すなわ》ち以《もっ》て性《せい》に適《かな》い情《じょう》を怡《よろこ》ばしむることなし。澹泊《たんぱく》は是《こ》れ高風《こうふう》なれど

も、太《はなは》だ枯《か》るれば則《すなわ》ち以《もっ》て人《ひと》を済《すく》い物《もの》を利《り》することなし。（前集二九）

さまざまな努力や工夫をしながら苦心して仕事に取り組むことは美徳であるが、苦心も度を越すと、楽しくなくなってしまう。執着のない淡々とした態度は美徳であるが、枯淡も度を越すと、世のため人のために役立つことがなくなってしまう。

憂勤……苦しみながら仕事に励む。

三、平等の世界で生きる

人々《ひとびと》に個《こ》の大慈悲《だいじひ》あり、維摩《ゆいま》・屠劊《とかい》も二心《にしん》なきなり。処々《しょしょ》に種《しゅ》の真趣味《しんしゅみ》あり、金屋茅簷《きんおくぼうえん》も両地《りょうち》にあらざるなり。只《た》だこれ欲蔽《よくおお》い情封《じょうふう》じ、当面《とうめん》に錯過《さっか》して、咫尺《しせき》をして千里《せんり》ならしむ。（前集四五）

どんな人にも心の奥底に慈悲深い仏心を持っている。維摩居士のような立派な人物だろうが、屠殺業者や死刑執行人のような人が嫌がる職業に従事している人であろうが、その点では変わらない。この世のどのような場所にも真の楽しみはある。立派な豪邸に住もうが、粗末なあばら屋に住もうが、その点では変わらない。それなのに、人間はとかく、欲望や感情に心を惑わされて、自分の身の回りに、それなりの楽しみや幸せが潜んでいることに気づかず、わずかの隔たりを千里の隔たりにしてしまうのだ。

咫尺……極めて近い距離。

四、常に無心

欹《い》器《き》は満《み》つるを以《もっ》て覆《くつがえ》り、撲《ぼく》満《まん》は空《むな》しきを以《もっ》て全《まった》し。

故《ゆえ》に君子《くんし》は、寧《むし》ろ無《む》に居《お》るも有《う》に居《お》らず、寧《むし》ろ欠《けつ》に処《お》るも完《かん》に処《お》らず。（前集六三）

欹器（水を入れる器）は水をいっぱいに満たすとひっくり返り、撲満（銭を貯える土器）は中が空っぽである間は壊れずその全形を保っている。君子たる者は、心が物欲で満たされることを求めず、常に無心でいることを心がけたい。満ち足りた状態を求めず、不足がちの境遇に身を置きたい。

＊「欹器」は、水がからの時は傾き、半分ほど入れると正しく立ち、いっぱいにすると覆るもの。孔子が魯の桓公の廟を訪ねた際、桓公が座右の戒めとしていた欹器を見た。弟子にこの欹器に水を注がせ、いっぱいに水を満たすと、確かに覆る様子を見て、「ああ、悪《いず》んぞ満《み》ちて覆《くつがえ》らざるものあらんや」（『荀子』宥坐篇）と慨嘆したという。

五、最高の幸せの在りか

人《ひと》は名位《めいい》の楽《たの》しみたるを知《し》りて、名《な》なく位《くらい》なきの楽《たの》しみの最《もっと》も真《しん》たるを知《し》らず。人《ひと》は饑寒《きかん》の憂《うれ》いたるを知《し》りて、饑《う》えず寒《こご》えざるの憂《うれ》いの更《さら》に甚《はなは》だしきたるを知《し》らず。

（前集六六）

人は地位や名誉のある者が幸せだと思っているが、名も知られず、地位もない者の生活の中に最高の幸せがあることを知らない。人は住む家もなく日々の食べ物にも事欠く生活が不幸だということは知っているが、衣食に事欠かない満たされた生活の中で生まれる不安や悩みのほうが、いっそう深刻だということを知らない。

＊「少《すく》なければ則《すなわ》ち得《う》、多《おお》ければ則《すなわ》ち惑《まど》う」（『老子』二十二章）とある。

六、幸福を呼び込み、不幸を避ける法

福《さいわい》は徼《もと》むべからず。喜神《きしん》を養《やしな》いて、以《もっ》て福《さいわい》を召《まね》くの本《もと》となさんのみ。禍《わざわい》は避《さ》くべからず。殺機《さっき》を去《さ》りて、以《もっ》て禍《わざわい》に遠《とお》ざかるの方《ほう》となさんのみ。（前集七〇）

幸せになりたいと願って幸せになれるものではない。常に楽しみ喜ぶ気持ちを持って暮らすことのみが幸福を呼び込む方法である。不幸は避けたいと思っていても避けられるものではない。イライラして人に当たったり、暴言を吐いたりせず、常に人に思いやりの心を持って接することのみが不幸を避ける方法である。

殺機……荒々しい心の働き。殺気立つ心。

七、本物の知識を得る道

一苦一楽《いっくいちらく》、相磨練《あいまれん》し、練極《れんきわ》まりて福《ふく》を成《な》すものは、そ

の福《ふく》始《はじ》めて久《ひさ》し。一疑《いちぎ》一信《いっしん》、相参勘《あいさんかん》し、勘極《かんきわ》まりて知《ち》を成《な》すものは、その知《ち》始《はじ》めて真《しん》なり。（前集七四）

苦しんだり楽しんだりしながら自分を磨いて、その結果得られた幸福は永続する。疑ったり信じたりしながら考え抜いて、その結果得られた知識は本物である。

参勘……照合して熟考する。

八、模範的な家庭のあり方

家人《かじん》、過《あやまち》あらば、宜《よろ》しく暴怒《ぼうど》すべからず、宜《よろ》しく軽棄《けいき》すべからず。此《こ》の事言《ことい》い難《がた》くば、他《た》の事《こと》を借《か》りて隠《いん》にこれを諷《ふう》せよ。今日悟《こんにちさと》らざれば、来日《らいじつ》を俟《ま》ちて再《ふたた》びこれを警《いまし》めよ。春風《しゅんぷう》の凍《こお》れるを解《と》くが如《ごと》く、和気《わき》の氷《こおり》を消《け》すが如《ごと》くにして、纔《わずか》にこれ家庭《かてい》の型範《けいはん》なり。（前集九六）

家族の者が何か過ちを犯したとき、感情的に激しく怒ってもよくないし、黙って見て見ぬふりをしてもよくない。もしそれが、直接言いにくいことであれば、他のことにかこつけて遠回しにそれとなく言い聞かせるといい。しかし、それでも過ちに気づかないときには、日を改めて諭すようにせよ。ちょうど、春風が凍てついた大地を解かすように、和気が氷を消すように穏やかに諭す。これこそが模範的な家庭の姿である。

軽棄……軽くみて問題視しない。

九、大人の条件

幻迹《げんせき》を以《もっ》て言《い》えば、功名富貴《こうみょうふうき》に論《ろん》なく、即《すなわ》ち肢体《したい》もまた委形《いけい》に属《ぞく》す。真境《しんきょう》を以《もっ》て言《い》えば、父母兄弟《ふぼけいてい》に論《ろん》なく、即《すなわ》ち万物《ばんぶつ》も皆吾《みなわれ》と一体《いったい》なり。人能《ひとよ》く看得《みえ》て破《やぶ》り、認《みと》め得《え》て真《しん》ならば、纔《わずか》に天下《てんか》の負担《ふたん》に任《た》うべく、また世間《せけん》の韁鎖《きょうさ》を脱《だっ》すべし。（前集一〇三）

仮の世界ということでいえば、人が求める名誉や功績、財産はもちろん、自分の肉体さえも幻にすぎない。真実在の世界ということでいえば、父母兄弟はもとより、この世の万物もすべて己と一体である。この世が仮のものであることを見破り、実在の世界では万物が己と一体であるという真実を会得できた者だけが、天下の大任を担うことができ、また世間の束縛から抜け出すことができる。

幻迹……幻のような仮の世界。　**委形**……天から与えられた体。　**韁鎖**……束縛。

一〇、「ほどほど」が肝要

爽口《そうこう》の味《あじ》は、皆《みな》爛腸《らんちょう》腐骨《ふこつ》の薬《くすり》なり。五分《ごぶ》ならば便《すなわ》ち

殃《わざわい》なし。快心《かいしん》の事《こと》は、悉《ことごと》く敗身喪徳《はいしんそうとく》の媒《なかだち》なり。五分《ごぶ》ならば便《すなわ》ち悔《くい》なし。（前集一〇四）

口当たりのいい美味しい食べ物は食べ過ぎると胃腸を痛め、骨を腐らせる毒薬となる。ほどほどにしておけば、健康を損なうこともない。心を喜ばせる遊びや楽しみは、夢中になり過ぎると、身を誤り徳を損なう原因となる。ほどほどにしておけば、後悔することもない。

爽口の味……口当たりのよい味。美味な食べ物。

＊「五味《ごみ》は人《ひと》の口《くち》をして爽《たが》わしむ」（『老子』十二章）とある。五味とは酸・鹹（塩辛い）・甘・辛・苦の五種の味のこと。

一一、人は本来清らかなもの

水《みず》は波《なみ》だたざれば則《すなわ》ち自《おのず》から定《さだ》まり、鑑《かがみ》は翳《くも》らざれば、則《すなわ》ち自《おのず》から明《あき》らかなり。故《ゆえ》に心《こころ》は清《きよ》くすべきことなく、そのこれを混《にご》らすものを去《さ》れば、清《せい》自《おのず》から現《あらわ》る。楽《らく》は必《かなら》ずしも尋《たず》ねず、そのこれを苦《くる》しむるものを去《さ》れば、楽《らく》自《おのず》から存《そん》す。（前集一五〇）

水は波がたたなければ自然と静まり、鏡は塵や埃で曇らなければ自然と輝いているものだ。人の心も本来は清らかなのだから、無理に清くする必要はない。濁らすものを取り除けば、自然と清くなる。楽しみも無理に探さなくてもよい。心の中の苦しみを取り除けば、自然と楽しい気持ちになってくる。

一二、よき人と交わる

市人《しじん》に交《まじ》わるは、山翁《さんおう》を友《とも》とするに如《し》かず。朱門《しゅもん》に謁《えつ》するは、白屋《はくおく》に親《した》しむに如《し》かず。街談巷語《がいたんこうご》を聴《き》くは、樵歌牧詠《しょうかぼくえい》を聞《き》くに如《し》かず。今人《きんじん》の失徳過挙《しっとくかきょ》を談《だん》ずるは、

古人《こじん》の嘉言《かげん》懿行《いこう》を述《の》ぶるに如《し》かず。（前集一五五）

財産や地位を求めることに汲々としている町の人間とつき合うよりは、無欲で淡々と生きている山中の老人を友達に持つほうがよい。豪邸に住む権力者のご機嫌伺いに行くよりは、あばら屋に住む人と親しくするほうがよい。町のどうでもいい噂話を聞くよりは、木こりや牛飼いの素朴な歌を聞いているほうがよい。現代人の不徳や失敗を批判するよりは、昔の賢人たちの素晴らしい行いについて語り合うほうがよい。

朱門……高位高官の邸宅。　**白屋**……屋根を葺いた家。

一三、満ち足りた生活を送る秘訣

陰謀怪習《いんぼうかいしゅう》、異行奇能《いこうきのう》は、倶《とも》に是《こ》れ世《よ》を渉《わた》るの禍胎《かたい》なり。只《た》だ一個《いっこ》の庸徳庸行《ようとくようこう》のみ、便《すなわ》ち以《もっ》て混沌《こんとん》を完《まった》くして和《わ》平《へい》を召《まね》くべし。（前集一七八）

人を陥れるような策略や奇妙な慣習、変わった行動や並外れた能力というものは、この世を生きていく上で、禍のもととなる。ただ、平凡な人間性と平凡な行動のみが、自然な姿のまま穏やかで満ち足りた生活を送る秘訣である。

怪習……奇怪な習俗。　**庸徳庸行**……平凡な道徳と行為。

一四、晩年の生き方

日《ひ》既《すで》に暮《く》れて、而《しか》も猶《な》お烟霞《えんか》絢爛《けんらん》たり。歳将《としまさ》に晩《く》れんとして、而《しか》も更《さら》に橙橘芳馨《とうきつほうけい》たり。故《ゆえ》に末路晩年《まつろばんねん》は、君《くん》子《し》更《さら》に宜《よろ》しく精神百倍《せいしんひゃくばい》すべし。（前集一九六）

太陽が地平線に沈んだあとでも、空はなお夕焼けで美しく輝いている。年の瀬が迫るような寒い時期でも、柑橘類の木は実をつけ、一段とよい香りを漂わせている。そこで君子たる者、晩年に際しては、一段と気力を充実させ、精神を奮い立たせなければならない。

烟霞絢爛……烟霞はもやとかすみであるが、ここでは夕陽にかがやく山水の景色がきらびやかにあや模様をなしていること。

一五、本質を捉える

山林《さんりん》の楽《たの》しみを談《だん》ずる者《もの》は、未《いま》だ必《かなら》ずしも真《まこと》には山林《さんりん》の趣《おもむき》を得《え》ず。名利《めいり》の談《だん》を厭《いと》う者《もの》は、未《いま》だ必《かなら》ずしも尽《ことごと》くは名利《めいり》の情《じょう》を忘《わす》れず。（後集二）

都会を離れた田舎暮らしの楽しみを、喜々として他人に語る者は、まだ本当に風流な暮らしのよさを知らない。名声や金儲けの話を聞くことを嫌がる者は、まだ名声や利益を求める心が残っている。

名利の談……世俗の名誉・名声や利益など、欲望にかかわる話。

一六、風情を味わう

歳月《さいげつ》は本長《もとなが》くして、忙《いそが》しき者《もの》自《みず》から促《うなが》す。天地《てんち》は本寛《もとひろ》

くして、鄙《いや》しき者《ものみず》自から隘《せま》くす。風花雪月《ふうかせつげつ》は本間《もとかん》にして、労攘《ろうじょう》の者《ものみず》自から冗《わずらわ》しくす。（後集四）

歳月は、もともと悠久なのだが、忙しく気ぜわしい生き方をしている者は、自分でそれを短くしている。天地はもともと広大なものだが、心根の卑しい者は、自分でそれを狭くしている。春には花を愛で、夏には涼しい風を求め、秋には名月を眺め、冬には雪景色を楽しむ。こうした四季折々の風情は、もともとのどかなものだが、あくせくする者は、自分でそれを煩わしいものにしている。

一七、一時の情熱に振り回されない

冷《れい》より熱《ねつ》を視《み》て、然《しか》る後《のち》に熱処《ねつしょ》の奔馳《ほんち》の益《えき》なきを知《し》る。冗《じょう》より閒《かん》に入《い》りて、然《しか》る後《のち》に閒中《かんちゅう》の滋味《じみ》最《もっと》も長《なが》きを覚《おぼ》ゆ。（後集一六）

冷静になってから、熱狂していた当時のことを振り返ってみてはじめて、いっときの情熱に振り回されて動き回っていたことがムダだったと気づく。多忙な状態が一段落し、静かな時間を持つことができるようになってはじめて、心静かにゆとりを持って生活することのよさを実感できる。

一八、無欲に徹する

炎《えん》に趨《はし》り勢《せい》に附《つ》くの禍《わざわい》は、甚《はなは》だ惨《さん》にしてまた甚《はなは》だ速《すみ》やかなり。恬《てん》に棲《す》み逸《いつ》を守《まも》るの味《あじ》わいは、最《もっと》も淡《たん》にしてまた最《もっと》も長《なが》し。（後集二二）

権力者に付き従い、勢いのある者に取り入れば、その者が権勢の座から失脚したとき、たちまち厳しい制裁を受ける。無欲に徹して気楽に生活をすれば、極めて淡白で穏やかな生活を末永く楽しむことができる。

恬に棲み　心の安らかさを住み家とする。「恬」は安らか、静か。

＊「唇《くちびる》亡《ほろ》ぶれば則《すなわ》ち歯《は》寒《さむ》し」（『韓非子』存韓）とある。

一九、ほどほどで満足する

得《う》るを貪《むさぼ》る者《もの》は、金《きん》を分《わか》つも玉《ぎょく》を得《え》ざるを恨《うら》み、公《こう》に封《ほう》ぜらるるも侯《こう》を受《う》けざるを怨《うら》みて、権豪《けんごう》も自《みず》から乞《きっ》丐《かい》に甘《あま》んず。足《た》るを知《し》る者《もの》は、藜羹《れいこう》も膏粱《こうりょう》より旨《うま》しと

し、布袍《ふほう》も狐貉《こかく》より煖《あたた》かなりとして、編民《へんみん》も王公《おうこう》に譲《ゆず》らず。（後集三〇）

物を得ることに貪欲な者は、金を分けてもらっても、その上の玉をもらえなかったことに不満を抱き、公爵の爵位を与えられても、その上の諸侯の地位を与えられなかったことに恨みを抱く。このような人は、権勢をふるっているのに、自ら乞食に成り下がっている。ほどほどで満足することを知っている者は、あかざの汁物のような粗末な食事でも、よい肉や米よりもご馳走だといい、布でつくったどてらのような粗末な服を着ても高価な皮衣より温かいという。このような人は、地位も財産もない貧しい庶民であっても、心は王侯貴族よりも満ち足りている。

膏粱……こってりとした美肉と良質の穀物のことで、美味美食をいう。

二〇、心にゆとりを持つ生き方

名《な》を矜《ほこ》るは、名《な》を逃《のが》るるの趣《おもむき》あるに若《し》かず。事《こと》を練《ね》るは、何《なん》ぞ事《こと》を省《はぶ》くの間《かん》なるに如《し》かん。（後集三一）

名声を誇るより、できるだけ無名で暮らしたいと願うほうが、はるかに奥ゆかしい。いろいろな物事に練達するよりは、できるだけ物事を減らすほうが、ずっと心にゆとりを生む。

二一、人生の醍醐味

一《いち》の楽境界《らくきょうかい》あれば、就《すなわ》ち一《いち》の不楽《ふらく》の相対待《あいたいたい》するあり。一《いち》の好光景《こうこうけい》あれば、就《すなわ》ち一《いち》の不好《ふこう》の相乗除《あいじょうじょ》するあり。只《た》だ是《こ》れ尋常《じんじょう》の家飯《かはん》、素位《そい》の風光《ふうこう》、纔《わずか》に是《こ》れ個《こ》の安《あん》楽《らく》の窩巣《かそう》なり。（後集六〇）

楽しいことがあったかと思えば、すぐに厄介なことが起きる。物事がうまく運んでいたかと思えば、すぐに良くないことが生じてしまい、喜びも差し引かれてしまうものだ。ただ、ありふれた食事や無位無官の境遇の中にこそ、穏やかで楽しい人生の醍醐味が潜んでいるのだ。

二二、一時の繁栄に惑わされない

樹木《じゅもく》は根《ね》に帰《き》するに至《いた》って、而《しか》る後《のち》に華萼枝葉《かがくしよう》の徒栄《とえい》なるを知《し》る。人事《じんじ》は棺《かん》を蓋《おお》うに至《いた》って、而《しか》る後《のち》に子女《しじょ》玉帛《ぎょくはく》の無益《むえき》なるを知《し》る。（後集七八）

冬になって落葉し根ばかりになった樹木を見て初めて、かつて葉が生い茂り美しい花をつけていたのが、ほんの一時的な繁栄だったことに気づく。人間も、死ぬ間際になって初めて、生きていた頃に築き上げた財産や、大切に育ててきた子どもが何の役にも立たないことに気づく。

二三、人情の機微を知り尽くす

世味《せいみ》を飽《あ》き諳《そら》んずれば、覆雨翻雲《ふくうはんうん》に一任《いちにん》して、総《すべ》て眼《め》を開《ひら》くに慵《ものう》し。人情《にんじょう》を会《え》し尽《つ》くせば、牛《うし》と呼《よ》び馬《うま》と喚《よ》ぶに随教《ずいきょう》して、只《た》だ是《こ》れ点頭《てんとう》するのみ。（後集八二）

人生経験を積み、世間の甘さ辛さを味わい尽くしてしまえば、人の心が秋の空のようにころころと変わっても気にならず、眼を見開いてそれを確かめるのさえ面倒になる。人情の機微を知り尽くしてしまえば、牛や馬だとバカ呼ばわりされても腹が立たず、ただ、はいはいと生返事をしているだけだ。

二四、俗世で真理を求める

金《きん》は鉱《こう》より出《い》で、玉《ぎょく》は石《いし》より生《しょう》ず。幻《げん》にあらざれば、以《もっ》て真《しん》を求《もと》むることなし。道《みち》を酒中《しゅちゅう》に得《え》、仙《せん》に花裡《かり》に遇《あ》う。雅《が》なりと雖《いえど》も、俗《ぞく》を離《はな》るること能《あた》わず。（後集八六）

黄金は鉱石を精錬しなければ手にすることができず、宝玉は原石を加工しなければ手にすることができない。幻であるこの世の中で生きていくことでしか真理は求められないのである。酒を酌み交わしながら議論をするなかで道を悟り、桃花のなかで仙郷を感じることもできる。これらは雅ではあるが、まだ俗を離れることができていない。風流を感じる心もまた、この俗な世を生きていくなかでしか得られないものである。

二五、天地の真理を悟る

斗室《としつ》の中《なか》、万慮都《ばんりょすべ》て捐《す》つれば、甚《なん》の画棟《がとう》に雲《くも》を飛《ち》ばし、珠簾《しゅれん》を雨《あめ》に捲《ま》くを説《と》かん。三杯《さんばい》の後《のち》、一真自得《いっしんじとく》すれば、唯《た》だ、素琴《そきん》を月《つき》に横《よこ》たえ、短笛《たんてき》を風《かぜ》に吟《ぎん》ずるを知《し》るのみ。（後集九〇）

狭く窮屈な部屋の中にいても、執着心や悩み事などすべてを捨て去れば、何も絢爛豪華な御殿の中で、美しい屋根にかかる雲や玉のすだれに降る雨を眺めなくても、自然の情緒を感じることができる。わずか三杯の酒を飲んで酔っても、天地の真理さえ悟れば、ただ月下に粗末な琴を奏で、そよ風に吹かれながら短笛を吟ずるだけの楽しみでよいことがわかる。

斗室……一斗はいる升ほどの小さな部屋。

一真……天地の真理。

二六、無心の境地

試《こころ》みに未《いま》だ生《う》まれざるの前《まえ》に、何《なん》の象貌《しょうぼう》あるかを思《おも》い、また既《すで》に死《し》するの後《のち》に、何《なん》の景色《けいしょく》を作《な》すかを思《おも》えば、則《すなわ》ち万念灰冷《ばんねんかいれい》し、一性寂然《いっせいせきぜん》として、自《おのず》から物外《ぶつがい》に超《こ》え、

象先《しょうせん》に遊《あそ》ぶべし。（後集九八）

試しに、自分が生まれる前はどのような姿をしていたのか、また自分が死んでしまった後は、どのような姿になるのか考えてみるといい。そうすれば、名誉や地位、財産や功績にこだわる心はすべて跡形もなく消え、残るのは自分の本性だけである。そうすれば、現実や世俗を超越した無心の境地を楽しむことができる。

二七、読書の効用

高《たか》きに登《のぼ》れば人《ひと》をして心曠《こころひろ》からしめ、流《なが》れに臨《のぞ》めば人《ひと》をして意遠《いとお》からしむ。書《しょ》を雨雪《うせつ》の夜《よる》に読《よ》めば、人《ひと》をして神清《しんきよ》からしめ、嘯《しゅう》を丘阜《きゅうふ》の巓《いただき》に舒《の》ぶれば、人《ひと》をして興邁《きょうゆ》かしむ。（後集一一四）

高い山に登ると、心が広々とのびやかになり、清らかな川の流れを見ていると、次第に心が洗われてきて、日々の喧噪を忘れてしまう。雨や雪の夜に本を読むと、気持ちがすがすがしくなっていき、小高い丘の上で詩を口ずさめば、ひとりでにわくわくと楽しい気分になってくる。

二八、心のゆとりを持つ

人生《じんせい》太《はなは》だ閒《かん》なれば、則《すなわ》ち別念《べつねん》竊《ひそか》に生《しょう》じ、太《はなは》だ忙《ぼう》なれば、則《すなわ》ち真性《しんせい》現《あら》われず。故《ゆえ》に士君子《しくんし》は、身心《しんしん》の憂《うれ》いを抱《いだ》かざるべからず、また風月《ふうげつ》の趣《おもむき》に耽《ふけ》らざるべからず。（後集一一八）

あまりに暇すぎると、どうでもいい雑念が頭をよぎってくるし、あまりに忙しすぎると、自分の本心を見つめる余裕がなくなり、自分を見失ってしまう。だから君子たる者は、精進し続けるという心身の苦労はあったほうがいいのだが、一方で、風流を楽しむ心のゆとりも持ち合わせていなければならない。

二九、花は五分咲き、酒はほろ酔い

花《はな》は半開《はんかい》を看《み》、酒《さけ》は微酔《びすい》に飲《の》む、此《こ》の中《なか》に大《おお》いに佳趣《かしゅ》あり。若《も》し爛熳酕醄《らんまんもうとう》に至《いた》らば、便《すなわ》ち悪境《あくきょう》を成《な》す。盈《えい》満《まん》を履《ふ》む者《もの》は、宜《よろ》しくこれを思《おも》うべし。（後集一二三）

花は五分咲きを見、酒はほろ酔い加減に嗜む、この中に最高の趣がある。もし花は必ず満開を見、酒は必ず泥酔するほど飲むというのでは、せっかくの趣が台無しになる。満ち足りた境遇にいる者は、このことをよく考えなければならない。

爛熳……満開。花についていう。　**盈満を履む者**……満ち足りた境遇にいる者。

三〇、増やすより減らす

人生《じんせい》は一分《いちぶ》を減省《げんせい》せば、便《すなわ》ち一分《いちぶ》を超脱《ちょうだつ》す。如《も》し交遊《こうゆう》減《げん》ずれば便《すなわ》ち紛擾《ふんじょう》を免《まぬか》れ、言語《げんご》減《げん》ずれば便《すなわ》ち愆尤《けんゆう》寡《すく》なく、思慮《しりょ》減《げん》ずれば則《すなわ》ち精神《せいしん》耗《こう》せず。聡明《そうめい》減《げん》ずれば則《すなわ》ち混沌《こんとん》完《まっと》うすべし。彼《か》の日《ひ》に減《げん》ずるを求《もと》めずして日《ひ》に増《ま》すを求《もと》むる者《もの》は、真《まこと》に此《こ》の生《せい》を桎梏《しっこく》するかな。（後集一三二）

人生においては、何かを少し減らせば、その分だけ世間との関わりから離れることができる。人とのつき合いを少し減らせば、その分煩わしいいざこざから解放される。口数を少し減らせば、その分過失が少なくなる。思案するのを少し減らせば、その分精神的な疲れも軽くなる。利口ぶるのを少し抑えれば、その分本性を全うできる。減らすことを考えずに増やすことばかり考えている者は、自分の人生を世間のしがらみでがんじがらめにしているようなものだ。

紛擾……物情が混乱したさま。　**愆尤**……あやまち。過失。　**混沌**……天地未分の元気であるが、ここでは本来の心、本性。

あとがき

『菜根譚』は、およそ四百年ほど前に、明代の学者、洪自誠《こうじせい》によって書かれた書で、処世訓の最高傑作の一つです。

日本には江戸末期に伝わって以来、多くの人々に読み継がれてきました。とりわけ、経営者や政治家、文化人といった各界のリーダーの座右の書として愛読されています。

その理由の一つは、『菜根譚』が生きた人間学の叡智を結集した書だからです。

中国古典の魅力は、鋭い人間洞察から生まれた体験的な人間学にありますが、けっして成功者が高みから「成功したいならこう生きよ」と説く書ではありません。

著者の洪自誠は優秀な官僚として活躍しますが、明末という政治も道徳も乱れきった世の中にあって、醜い政争に巻き込まれたり、誹謗中傷を受けたりと、さまざまなストレスを抱えながら働いたはずです。多くの苦労や困難も経験したに違いありません。逆境に陥ったことも多々あったでしょう。そんな辛酸をなめつくした著者が、誰もが人生で遭遇するであろうさまざまな問題や悩みについて、「どう乗り越えたらよいか」「どう対処したらよいか」を冷静かつおだやかに説いたのが『菜根譚』なのです。

しかも、その教訓は、政治家や官僚、経営者や学者といった指導者たる人々だけを念頭に置いて書かれたものではなく、むしろ市井の人々を対象に書かれています。

家庭をどのように築けばよいか、友達とうまくつき合うにはどういう心構えが必要か、幸せになるにはどう生きたらよいか……。そんな誰もが思い悩む問いへの答えが『菜根譚』にはあるのです。

『菜根譚』が最もすぐれた処世の書とされるのには、もう一つ理由があります。それは、『菜根譚』が儒教、道教、仏教という東洋の三大思想を融合した書だからです。儒教は、厳しい現実社会の中でどのように生きていけば徳行の君子になれるかを説き、道教は反対に、人の心を縛る欲望や情念、社会的な道徳規範や慣習儀礼の只中を生きる私たちに、自然体で自由にのんびりと生きることを勧めます。この二つが現実的な処世の知恵であるのに対し、仏教は、宇宙の真理を説きながら、欲望や怒り、怨みや妬みなどの煩悩を消し去り、安らかな心をもって生きることが幸せにつながると悟りの境地を教えます。

儒教を思想的な基盤としつつも、道教や仏教の良い点を適度に取り入れながら処世の道を説く『菜根譚』は、声高に天下国家を論じ、リーダーとはかくあるべきだと説くだけの処世訓ではありません。リーダーの心得を説く一方で、心にゆとりを持って楽しく生きることを勧め、厳しい現実を生き抜く処世の道を示しながら、悩み苦しむ人々の心に寄り添うことも忘れていません。山林自然に身を置いて悠々自適に生きる素晴らしさを語る一方で、功名富貴を求める気持ちにも理解を示します。この絶妙な思想性が、さまざまな状況や心理の間を揺れ動く人々の共感を得たのでしょう。

『菜根譚』という書名は、宋代の儒学者・汪信民《おうしんみん》の「人《ひと》能《よ》く菜根《さいこん》を咬《か》み得《え》ば、則《すなわ》ち百事《ひゃくじ》做《な》すべし」という言葉に由来しています。「菜根」とは文字通り、堅い野菜の根のことです。この菜根をよくかみしめるように、苦しい境遇に置かれても諦めず耐え抜くことができれば、多くのことを成し遂げられるという意味が込められています。

『菜根譚』は底本、原本ともに目次はなく、前集二二二条、後集一三五条に分かれているだけです。主として、前集は、世に立ち人と交わる道を説き、後集では山林自然に身を置き退隠閑居する楽しみを説いています。本書は、その中から現代に生きる私たちに特に大きな示唆を与えてくれる二〇六条を選出し翻訳したものです。また、初めて『菜根譚』を目にする方にも読みやすいよう、各条に見出しをつけました。

優秀な官吏として活躍しながらも、政争に巻き込まれて隠遁せざるを得なかった洪自誠。人生の荒波にもみ抜かれ、その辛酸をつぶさに舐めつくしたからこそ生まれ得た珠玉の名言、それがあなたの「生きるヒント」になるはずです。

祐木　亜子

令和元年五月吉日

参考文献

『【決定版】菜根譚』洪　自誠・著　守屋　洋・著（ＰＨＰ研究所）
『菜根譚 全訳注』洪　自誠・著　中村璋八　石川力山・訳注（講談社）
『ポケット菜根譚』五島慶太・著（実業之日本社）

装幀・本文デザイン――秦 浩司（hatagram）
編集協力――柏木孝之

〈訳者略歴〉

祐木 亜子（ゆうき・あこ）

山口県生まれ。東北大学経済学部卒業後、日本で四年間のOL生活を送るも、中国で働く夢を捨てきれず、渡中。西安の大学に留学後、上海の法律事務所で翻訳・通訳業務に携わる。訳書に『中国古典の知恵に学ぶ　菜根譚』（ディスカヴァー・トゥエンティワン）、『女子の論語』（サンマーク出版）、『心に響く呻吟語』『老子マネジメント入門』（ともに日本能率協会マネジメントセンター）などがある。

ポケット菜根譚《さいこんたん》

令和元年六月二十五日第一刷発行

著者　洪　自誠
訳者　祐木　亜子
発行者　藤尾　秀昭
発行所　致知出版社
〒150-0001東京都渋谷区神宮前四の二十四の九
TEL（〇三）三七九六—二一一一
印刷・製本　中央精版印刷

ISBN978-4-8009-1208-4 C0095

ホームページ　https://www.chichi.co.jp
Eメール　books@chichi.co.jp